自媒体时代，

我们如何玩转营销

成旺坤◎著

中华工商联合出版社

图书在版编目（CIP）数据

自媒体时代，我们如何玩转营销 / 成旺坤著. —北京：中华工商联合出版社，2020.1

ISBN 978-7-5158-2720-9

Ⅰ. ①自… Ⅱ. ①成… Ⅲ. ①网络营销 Ⅳ. ① F713.365.2

中国版本图书馆CIP数据核字（2020）第016205号

自媒体时代，我们如何玩转营销

作　　者：成旺坤
出 品 人：李　梁
图书策划：陈龙海
责任编辑：胡小英　马维佳
装帧设计：国风设计
责任审读：郭敬梅
责任印制：迈致红
出版发行：中华工商联合出版社有限责任公司
印　　刷：北京毅峰迅捷印刷有限公司
版　　次：2020年8月第1版
印　　次：2020年8月第1次印刷
开　　本：710mm × 1020mm　1/16
字　　数：187千字
印　　张：14
书　　号：ISBN 978-7-5158-2720-9
定　　价：48.00元

服务热线：010—58301130—0（前台）
销售热线：010—58302977（网店部）
010—58302166（门店部）
010—58302837（馆配部、新媒体部）
010—58302813（团购部）
地址邮编：北京市西城区西环广场A座
19—20层，100044
http://www.chgslcbs.cn
投稿热线：010—58302907（总编部）
投稿邮箱：1621239583@qq.com

PREFACE 序

作为一种新的媒介形态，自媒体已经全面进入人们的生活和工作之中。无论是企业还是个人，想在这个自媒体时代里做出属于自己的品牌，都需要对自媒体营销进行更深入的思考，同时以开放的态度去接近自媒体、了解自媒体，而这也必将成为一种全新的发展趋势。

论及自媒体和营销，就不得不提到用户。无论是采用传统的营销方式，还是自媒体营销方式，都要充分重视用户。得用户者得“天下”，这是自媒体时代下，营销的关键所在。自媒体人只有明确自己的目标群体，不断找到目标群体的需求和痛点，用最基本的传播方式来不断获取粉丝，并且加强与用户之间的互动，才能更好地做好自媒体时代下的营销。

在本书中，作者从企业和个人两方面详细地介绍了如何做好当代社会的自媒体营销，并针对微信、微博、视频、直播和其他自媒体平台来详细地介绍了如何在这些自媒体平台上做好网络营销，并且选择一些最新的案例进行详细的分析、讲解，争取让每一个营销人都能用最少的营销成本来换取最优效果的宣传。

要想成为一名优秀的网络营销人员，就必须有严谨的态度和创新的精神。无论在哪个时代，创新都是企业进行营销的关键。人们总是倾向于那些新鲜、有新意的东西，因此，在打造属于自己的自媒体品牌的时候，自媒体人要对自媒体有一个透彻的观察和理解，并且以正确的态度来认识自己所处的行业领域，明确自己的优势和劣势，进而将优势发展起来，将劣势转换为营销的优势，做好自媒体营销的工作。

本书还将告诉网络营销人员，要想成为一名优秀的自媒体人，就要有一套自己的自媒体运营逻辑，要在企业的发展之中，不断做好自媒体的定位、寻找潜在的有价值用户、用有质量的内容来不断做好营销和传播的工作。对于众多运营自媒体的企业和个人来说，只有形成一套完整的自媒体运营逻辑，才能更好地挖掘自媒体营销的价值，赢得用户，打造品牌。

从互联网的发展来看，自媒体营销必然还有更大的发展市场和发展机会。自媒体人应该构建起这个信息发布和营销平台，真正抓住这个有利的营销时机和最佳的营销平台，打造出属于自己的自媒体品牌。衷心希望这本书能够给广大读者带来帮助，做好新时代下的网络营销。

CONTENTS 目 录

第一章 自媒体时代，营销别走老套路

随着互联网科技的发展和进步，各种数字设备已经融入到我们的日常生活中，全新的自媒体信息化时代已经到来。尤其是近几年，智能手机以及智能设备的普及率已经非常高，传统的营销方式不再适合企业发展的需要，自媒体时代要想做好营销，就要避免再走老套路。

个 人 篇

第二章 每个人都是自媒体，你的品牌你造就

在自媒体时代，每一个了解互联网的人都有成为一个专业自媒体人的想法。但是，对于如何打造出你的自媒体品牌，却没有一个统一的标准和答案。其实，对于大多数个人自媒体来说，打造品牌的关键就在于个人。你能否对你的团队有一个清晰的定位和认知，能否具有营销自媒体的能力，这都是影响自媒体品牌的关键因素。

企 业 篇

第三章 企业自媒体营销的定位

在如今这个自媒体时代，很多企业都在运营自媒体，然而也有一些企业在自媒体上栽了跟头。究其原因，就是在最开始营销定位时犯了大忌。定位，对任何一家企业的营销来说都是格外重要的，它决定了企业的产品推送、目标用户、营销成本、市场行情。因此，在企业开始进行自媒体营销之前一定要做好营销的定位，避免陷入营销的误区中。

第四章 做好企业自媒体营销的八大操作路径

自媒体平台越来越多，与自媒体相关的工具也日趋完善，由智能设备、网络、手机、移动媒体等构成的媒体新格局正逐渐形成。自媒体时代下，各种传播方式相互影响和渗透，自媒体的营销手段已经成为当今社会各个媒体人必须掌握的一种生存方式。做好企业自媒体营销的八大操作路径，是每个企业自媒体都应该注意的事项。

第五章 内容为王：自媒体营销要有好内容

在传统媒体所发布的内容中，大多数都要经过写作——编辑——审查这样的流程。如今大多数自媒体，在内容发布上却比较随意，这样不利于营销工作。企业或者个人要想运用自媒体做好营销和传播的工作，将自媒体做大做强，成为企业或者个人的一个招牌，就必须把好内容关。记住内容为王，用好内容来达到更好的营销效果。

第六章 微信营销：就是玩转微营销

腾讯公司推出微信公众号之后，微信营销就进入了自媒体运营者的视线之中，成为了企业重要的营销推广工具。利用微信进行营销的最终目的，是为了放大产品和品牌的影响力，提升企业或者个人的效益。因此，玩转微信已经成为自媒体时代企业的最新发展要求，也是营销的关键。

第七章 微博营销：140个字就能引爆整个世界

新浪微博的CEO曹国伟先生曾经说过这样一句话：“将来报道事实将是每一个人的事，如果每个人都有新浪微博，就可以把事实通过新浪微博向全世界发布出去。”这句话非常准确地说明了微博的强大力量。在微博这个小小的舞台上，无论是企业还是个人，都能通过自己的力量来引爆整个世界。微博是影响他人的一个重要的自媒体平台，也是营销的一个重要媒介。

第八章 视频营销：手把手教你玩转视频营销

随着互联网的高速发展和智能设备的普及，视频作为一种更鲜活的营销方式，开始受到越来越多的企业的关注。但是，要使用视频来达到营销的目的，就对企业提出了更高的要求和挑战。只有企业真正明白视频营销的定义、优势、需求，平台的选择、优化，才能做好自媒体时代的视频营销。

第九章 直播营销：玩转自媒体营销，从直播开始

最近几年，直播一直在以井喷式的速度发展，直播类App也越来越多。从传统媒体到自媒体，越来越多的自媒体平台开始成为企业的主要营销场地。而直播，这个近几年新兴的自媒体营销方式，则成为最受欢迎的一个方式。如此火热的商机也被众多企业看上了，企业的品牌发布、产品发布等也都开始向直播靠拢，直播营销也成为了自媒体时代下的重要营销方式。

第十章 这些自媒体营销平台，一个都不能少

在企业的自媒体营销之中，除了微信、微博、视频和直播这些营销方式之外，自媒体平台也是企业进行营销的关键。自媒体时代的全面到来，要求企业务必将多种自媒体平台全都利用起来，比如QQ、今日头条、豆瓣、知乎、

腾讯视频、搜狐等。根据企业的营销特点，在这些平台之中，做好企业的个性化营销工作。

第一章

自媒体时代，营销别走老套路

随着互联网科技的发展和进步，各种数字设备已经融入到我们的日常生活中，全新的自媒体信息化时代已经到来。尤其是近几年，智能手机以及智能设备的普及率已经非常高，传统的营销方式不再适合企业发展的需要，自媒体时代要想做好营销，就要避免再走老套路。

自媒体来了，传统营销还管用吗

自媒体时代也被称为“公民媒体”和“个人媒体”，简单来说就是私人化、平民化、普泛化、自主化的传播者在用现代化、电子化的手段，向不特定的单个人传递相关信息的媒体总称。这种方式很大程度上与传统营销是站在对立面的，这就意味着传统营销方式已经不再适合如今发展的需要。而自媒体营销也愈演愈烈，成为了无数人打造属于自己品牌的契机。

自媒体可谓是呈现出爆发式的增长，尤其是中国首个自媒体品质评选“金峰奖”的到来，也代表着自媒体时代的全面到来，并且在去中心化的影响之下，传统营销在社交媒体时代已经开始逐渐呈现出边缘化的状态，越来越多的企业开始将自媒体营销列为企业主要的营销方式，进行品牌或者产品的推广，这意味着传统营销对于企业的营销来说已经不再管用了。

熟悉网购的人可能知道淘宝上有一家非常火的原创复古女装品牌店——阿卡。它在淘宝网有着超高的人气和销量，好评率一度达到了100%。但是，在它经营的过程中，同样也面临过不少运营危机。在前两年，很多人没有认识到自媒体营销的重要性，大多数人还是选择传统的营销方式，不断通过广告、代言等方式来做宣传工作。但是，网购热潮的愈演愈烈，使得越来越多的商家开始入驻到淘宝中。尤其是国内外的大牌女装也开始抢夺电商市场，这给当时还没有打出品牌的阿卡带来了巨大的冲击。于是，阿卡开始竭力在这个市场中找出一条全新的营销之道。

一次偶然的机会，阿卡开始试着将营销的战场转到微信上。它们开始在微信上推送淘宝店的促销活动，同时融入自己的品牌故事、展示设计师的产品。阿卡还会不定期地在微信公众号上推送唯美的图片和文字。比如，以“生为行走，预见另一个世界”为主题，发布设计师旅游的设计图集和心情文字，让不少粉丝觉得它不仅是在做服装，更是体现了一种生活态度。阿卡利用自媒体营销这把利器，不断收获粉丝的关注。

移动互联网时代的到来，使得用户的时间开始逐渐呈现碎片化状态，用户获取信息的途径和阅读方式发生了翻天覆地的变化，这也使得传统营销方式受到了巨大的冲击。在这个背景之下，自媒体营销也应运而生，逐渐取代传统营销的地位，成为社会的主流营销方式。自媒体时代的到来必然将带来营销历史上一个巨大的、具有划时代意义的变革，也让如今的营销拥有了更好的选择。

阿卡从一个名不见经传的企业，发展成为如今拥有三百多万粉丝用户、好评率达到百分之百的淘宝店铺，这和自媒体营销有着密切的关系。在互联网时代，无论是阿卡这样的私营企业，还是金拱门那样的世界五百强企业，运用自媒体营销来做产品、做服务、做营销已经是大势所趋了。自媒体时代的到来给所有的企业敲响了警钟，只有拥抱自媒体营销，才能做好如今的企业营销工作。

如果在几年前，谈起自媒体营销，还没有几个人知道它是什么。但是，到了2020年，再不懂得自媒体营销，似乎就太落伍了。自媒体发展至今已经成为众多企业主要的营销方式。尤其是在如今这个讲究用户至上、体验至上的用户主权时代，消费者已经成为决定企业存亡的关键。而自媒体营销相比于传统营销方式来说，能够更好地实现与用户的互动和交流，真正实现了将用户变为粉丝再变为客户的营销之道。

自媒体来了，使得营销开始呈现出自己的传播特质：平民个性化、关系一体化、传播渠道多样化、传受主体多样化。当然，传统媒体和自媒体也有着很大的差别，不仅体现在传播媒介、传播方式、传播主体的地位上，还体现在门槛、运行消耗、封闭和开放程度上，但是随着互联网技术的飞速发展，信息的接受和传播速度开始迅捷化，不再像传统营销那样需要大量时间。因此，自媒体的到来，必然会对传统营销产生猛烈的冲击，传统营销也不再符合如今企业发展的需要了，自媒体营销必然会成为自媒体时代企业的主流营销方式，也必将拥有美好的发展前景。

无处不在的自媒体，你凭什么打动潜在客户

营销的本质就是要带动用户，将产品、服务传达给用户，达到变现的目的。自媒体作为如今最为火热的营销方式，它所产生的巨大影响力是毋庸置疑的。但是，同样是经营自媒体，有的人可以用它来赚钱，获得超高的影响力。比如，著名微博大V“思想聚焦”就吸引了众多明星的关注，拥有超强的人气和影响力；有的自媒体人每天虽然忙忙碌碌地经营，却没有任何影响力，甚至没有多少粉丝，更没有什么关注度，甚至连他自己都不知道为什么要经营自媒体。因此，并不是每一个自媒体都能打动潜在客户的。

那么，为什么有的自媒体就可以打动潜在客户，获取超高的影响力呢？要想获得答案，就需要自媒体人先明确以下三点：

1.做好“目的关”：明确构建自媒体的目的

自媒体营销的最终目的就是要打动客户。无论是企业还是个人，在构建自媒体之前都必须要明确目的。只有明确了做自媒体的目的，才能在营销的过程中有目标、有方向地构建自媒体。试想一下，如果个人来开通自媒体，可能终极目的就是提升工作业绩、扩展人际关系、推广自己的产品，这个时候，就要根据目的来精准地锁定客户，做好营销内容的撰写，最大程度地实现构建自媒体的目的。

李佳琦是最近火起来的网红人物，很多女性消费者对他都不陌生。李佳琦虽然是个男主播，卖的东西却是口红。男主播卖女性用品，看起来似乎不合适，但李佳琦却以他超强的销售能力，让很多人刷新了自己的认知。

李佳琦在网上非常火，销售的能力也非常强。马云知道后和他进行了一次比拼，在相同的时间里，看谁的销售能力更厉害。于是他们坐到一起，同时进行口红销售。结果只用了五分钟的时间，李佳琦就已经卖出了一千多支口红，而马云才卖出十来支。在同样的时间、同样的地点，马云和李佳琦的销售能力出现了这么大的差异。不能说马云的销售能力差，只能说李佳琦的销售能力太强了。

事实证明，在这个自媒体营销能力异常强大的时代，即便马云出马也不一定管用，自媒体做得好的主播在销售方面的能力不一定比马云差。

李佳琦之所以能把自媒体做得这么出色，销售能力这么强大，根本原因是他很专注，他的目的性非常强。他专注卖口红，在口红这个领域积累了非常丰富的销售经验。他推销口红时的销售用语，一度成为网红语言，被很多网友模仿，有些网友的“模仿秀”还成了热搜的新闻。

在做自媒体时，我们应该向李佳琦学习，明确做自媒体的目的，在一个方向上不断努力，这样就可以将自媒体的能量充分发挥出来。那么，你也有可能创造出自媒体营销的奇迹。

假如你是一个企业老板，想要利用自媒体来推广企业的产品、提升产品的销量与知名度，就需要在构建自媒体的时候，有针对性地进行操作。首先，自媒体的名字要与企业、产品相关联，切不可用与企业、产品毫无关系又没有任何吸引力的名字，同时还要对自媒体内容、粉丝、客户等进行精准、有针对性的选择，真正构建出有效的企业自媒体。

2.做好“规划关”：制订自媒体的运营规划

要想通过自媒体来带动潜在的客户，自媒体人除了要对自媒体定位，也就是明确构建自媒体的目的之外，还需要制订一个自媒体的运营规划，即自媒体人需要考虑好是准备运营一个自媒体，还是同时运营多个自媒体，具体的运营步骤又是怎样的，都要有详细的计划。

单一的自媒体运营可以节省自媒体人的运营时间和成本，及时做好与客户的互动和沟通，操作专一、高效。

《凤凰周刊》执行主编黄章晋转型为《大象公会》创始人，他只在微博、微信这两大热门平台上运营自媒体，很少出现在其他平台上，但是同样拥有着众多粉丝。当然，随着自媒体越来越多样化，自媒体人也可以对单一自媒体进行适当的调整，利用已有较高人气和影响力的自媒体账号来提升其他自媒体的知名度，等积累够了一定数量的粉丝，再运营其他的账号，这样才能最大程度地打动潜在客户。

3.做好“效果关”：让自媒体吸引更多的用户

打动潜在客户的关键就是自媒体人能够在营销的过程中将自媒体经营好，吸引更多优秀用户的目光，让关注自媒体的人越来越多，这样才能更好地得到大家的信任。因此，一些自媒体人在构建自媒体的时候，对于运营自媒体的相关技巧要有一个初步的了解，学会增加粉丝量的技巧、发布文章的技巧，使更多的用户对自己提供的内容产生兴趣，并且自愿接受所传播的信息，这就达到了营销的最终目的。

总之，无处不在的自媒体要想打动潜在客户，就一定要对以上三点有全面的认识，也只有这样，自媒体人才会对自己的自媒体运营有全局的规划，否则，很容易在运营自媒体的过程中走错方向，无法吸引潜在客户，最终耗费大量的时间和精力却依然没有效果，得不偿失。

玩转自媒体，营销就一通百通

自从自媒体被炒得火热以来，越来越多的自媒体平台开始出现在用户的视线之中，除了微博、微信、QQ之外，视频、直播、A5专栏等也开始成为了自媒体营销的主要平台。但是，这个时候就有人产生疑问了，自媒体平台这么多，想获得名声和影响力岂不是越来越难了。其实，平台终究只是用户了解自媒体的一个工具，而且自媒体的营销方式都万变不离其宗，只要将营销做到一通百通，自然就能够玩转自媒体了。

支付宝在2018年搞了一个抽“锦鲤”的活动，吸引了海量的用户参与，也让“锦鲤”这个词成为了2018年热词之一。

支付宝的这次活动以自媒体的形式进行宣传，在微博的官方账号发布消息（见图1–1）。消息一经发出，就引起了众多网友的注意，微博的转发量很快就超过了100万条（见图1–2），轰动一时。

图1–1　支付宝抽锦鲤活动

支付宝挑选的“锦鲤”（见图1-3）诞生之后，又引起了不小的轰动。网友都在羡慕被支付宝抽中的那位“锦鲤”，希望自己也能有她的好运气，纷纷去她身上“沾”运气。

支付宝的这次抽“锦鲤”活动，是自媒体营销的巨大成功。它不但充分调动了网友的积极性，还让支付宝的热度迅速上升，吸引了更多的人来关注它、使用它。

图1-2　支付宝锦鲤微博转发量破100万

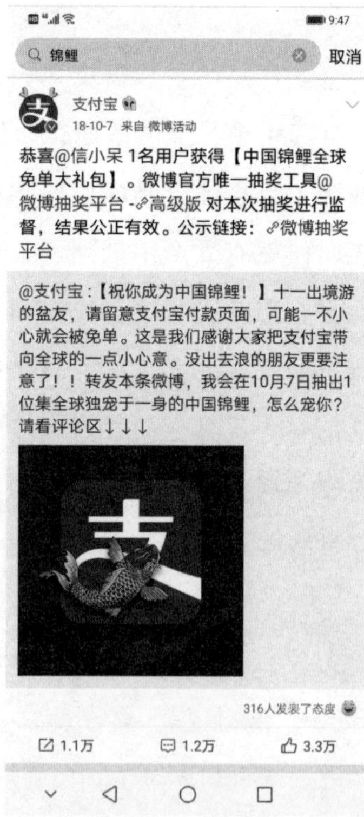

图1-3　支付宝锦鲤获奖信息

支付宝的案例说明在自媒体时代，玩转自媒体并不难，只要肯花心思，就能做到一通百通。支付宝的抽“锦鲤”活动，能够带给参与者非常丰厚的奖品，所以一下子就调动了网友的积极性，收到了非常好的营销效果。

对于越来越多想要融入自媒体的人来说，营销一通百通的前提就是你的营销内容是真正有价值、优秀的。同时，企业也要真正了解自媒体营销的含义，这样才能在各个自媒体平台上成为“常胜将军”。

1.务必了解信息传递的不可控性

在以往的传统媒体时代，信息的传播需要通过助理媒体来实现。其内容需要通过相关审查才能向用户传播，也就是说，信息的传播是可控的。但是，在自媒体时代下，各种各样的信息都有可能被个人发布，传递给用户，这种信息传递的不可控性就要求自媒体人必须对自己的营销内容更加仔细、严谨。“口碑为王”的今天，如果出现失误，很可能就会严重影响自媒体营销的效果。

在自媒体时代，人人都可以发布、扩散信息，人们查阅以往的营销信息也会变得更加方便、容易。而且大量的营销内容都会被保留在网络上，很难删除，而且有些信息会永久保存下去。所以，自媒体人要想做好营销，就要充分意识到信息的不可控性，将自己负责的营销信息的错误率降到最低，才能在各大自媒体平台做得更加顺畅、出色。

2.互动才是硬道理，也是营销的通用利器

营销之所以开始受到越来越多企业的关注，最大的原因就是因为在如今这个社会，早已进入买方市场。供大于求之后，这种要让用户了解产品，并产生购买欲望，产生购买行为的平台决定了自媒体人务必重视用户的感受，通过和用户的互动不断拉近彼此之间的距离，提高自己的知名度，最大限度地吸引粉丝，积累自己的客户资源。

肖强是某企业的老板，以前他的公司在营销时，都采用传统的营销方式。比如，户外广告、报纸广告等，这种方式花费了大量的金钱和时间，但往往达不到预期的效果。后来，随着互联网的发展，微博开始成为营销

的利器，很多企业开始使用微博来进行产品、服务的营销推广。于是，肖强也迅速成立了一个微博营销小组，招聘了两名员工，每天在微博上定期发布自己公司的新产品、促销信息和企业文化等。

在肖强的预想中，这种方法刚刚出现，应该很快就能达到预期的营销效果。但是在企业微博运营了一段时间后，虽然产生了一定的推广效果，但远不如预期的火爆。为此，他开始仔细研究微博营销，发现自己企业的官方微博在发布消息之后，对粉丝的问题没有及时回复，根本没有和粉丝互动起来，自然无法将他们变为自己企业的潜在客户，也就达不到预期的营销效果了。

事实证明，没有和用户互动的自媒体营销往往无法达到最佳的营销效果。很多人觉得自媒体很流行，只要发布内容就可以达到营销目的。其实，在自媒体繁华景象的背后，更需要自媒体人注重营销的精髓，不断加强和用户的互动。这样，才能在自媒体时代玩转自媒体，达到一通百通的效果。

3.要不断提高危机控制的能力

既然要营销，自然不可避免地就会出现危机。自媒体时代下，最大的特点就是信息严重过剩，更新速度太快。谁都可以发送信息，而用户只能被动地接受大量的信息，导致用户有时难辨真假。企业要想利用自媒体来发布有利于企业的正面的、积极的信息，就必须提高营销中处理危机的能力。

比如，企业要想利用自媒体宣传最新的产品，企业在官方平台上肯定会宣传自己的产品物美价廉。但是，企业的竞争对手可能就会出现恶意攻击、内幕曝光等负面信息。这时，就是要看企业对危机的控制能力了。企业只有不断提升对自媒体营销的危机控制能力，才能更好地在各大平台上玩转自媒体。

在营销的过程中，自媒体人要想获取理想的营销效果，就需要按照以上三点来做，不断看到影响营销效果的关键因素。也只有全面了解和把握营销的关键，才能让营销在各大平台上取得预期的效果，让营销一通百通，进而做到最好。

“罗辑思维”的小微店为何通杀互联网巨头

腾讯董事局主席马化腾曾说过：“互联网到底怎样改变我们身处的时代？罗振宇为我们提供了一种全新的思维。恐龙拖着沉重的身躯穿越不出侏罗纪，我们载着笨重的工业时代思维也难以跃入互联网时代壮阔的海洋。“罗辑思维”是一张人生船票，通往自由的彼岸。”

“罗辑思维”的口号是“有种、有趣、有料”，并且倡导独立、理性的思考，推崇自由主义与互联网思维，凝聚爱智求真、积极上进、自由阳光、人格健全的年轻人，并且树立了国内微信营销的典范。

在互联网时代下，“罗辑思维”作为影响力最大的知识社群，在营销中具有较大的影响力。在这个社群中，包括微信订阅号、会员体系、微商城，知识类脱口秀视频及音频、百度贴吧、微信群等多种互动形式，并且有着明确的受众群体，“罗辑思维”的小微店也就受到80后、90后这代年轻人的喜爱。

很多人开始了解罗振宇是从他在第一财经频道做嘉宾时，那个时候，他就是一个电视媒体人。然后，他开通了自己的微信公众号，推出了有名的“罗辑思维”，他在视频中说话的音色、语调、节奏，以及表情、动作都会让接听的人感觉很自然、舒服。之后“罗胖”的微信公众号开通，更是成功地推出了微信付费订阅的营销活动，每天发表一条60秒的免费语音，从未间断，受到了广大微信用户的喜爱。

罗振宇身为传统媒体人，却懂得互联网的营销逻辑，非常难得。再加上他在自己的微信公众号中能够有意识地放低自己的姿态，和普通人打成一片，用闲聊式而不是说教式的方式来和用户进行交流和沟通，获得了较高的网络声誉。当然，更为重要的一点就是罗振宇的知识广度、阅历和人脉远非大多数互联网业内人士可以比拟的，他用优质的内容发挥了互联网的最大潜力，而这些优势就是罗振宇独有的成功之道。而最直接的结果就是，与他的知识社群同名的刊物《罗辑思维》在微信上的首发预售场面的空前火爆，这也是“罗辑思维”的小微店通杀互联网巨头的重要原因。

在自媒体时代，互联网对其发展有着重要的推动作用，也可以说，如果没有互联网基本上就不会出现自媒体时代。但是，随着自媒体的不断发展，它的风头俨然有超过互联网的趋势。“罗辑思维”的小微店就是在这种情况下，不断构建出属于自己的品牌和影响力，让自己的实际购买力通杀了互联网巨头。当然，为了达到这个目的，罗振宇主要做到了以下几点：

1.人格魅力，凝结社群

在如今这个互联网时代，自媒体人与用户之间的连接成本已经大大降低了，每一个人都可以通过自己的人格魅力去战胜那些庞大的传统组织，让自己的价值回归到个人身上。“罗辑思维”强调U盘化的生存，要做到自带信息、不带系统，甚至还要做到随时插拔、自由协作，真正用自己的人格、禀赋去为自己创造价值，而不是在互联网社会，一切都归于互联网。“罗辑思维”重视创新的作用，从物化、外在的东西重新回到人的思维，凝聚出强有力的社群，这也是“罗辑思维”小微店通杀互联网巨头的关键因素之一。

2.黏住用户，情感共鸣

“罗辑思维”的运营中，罗振宇始终坚持每天早上六点半发布60秒语音，极大地拉近了与用户、粉丝之间的距离。他总是坚持在微博、微信以及客服系统中不定时地与用户互动，回复用户的问题，解决客服的问题。

罗振宇说：“为什么我们能够感动这些用户呢？在中国有太多的年轻人活在体制里，活在组织里，他们希望享受互联网带来的自由连接，让他们可以去平等，去分享，去创造，去自由。我们帮助用户打开这样一扇窗，在我们和用户之间建立真实的连接。”他认为，用情感的共鸣黏住客户能够更好地开展自媒体的营销工作。

3.社群力量，扩展边界

熟悉“罗辑思维”的人都知道，它与其他自媒体或者互联网产品最大的差别就是：除了数百万用户以外，它还建立了一个由数万人组成的付费会员群体。这个群体就是“罗辑思维”如今扩展事业边界的核心力量。它在每年只开放一次会员招募，明确地宣布其会员群体最多为10万人，并且保证绝不增加。“罗辑思维”承诺不会收取会员的任何物质回报，更多的是坚持“供养社群”与“价值认同”的理念来支付会员费，真正构建出了一个以价值观为基础的创业和知识社群。

4.明确“塔”“浪”，建立品牌

在罗振宇的观点中，传统的品牌建设可以称之为“塔”，而互联网时代下的自媒体人就是造“浪”。建立起自己的品牌，让用户和自媒体人有被连接的可能，并且要像造浪机一样，不断掀起新的浪潮。这是“罗辑思维”通过自己的品牌影响力将自己的书籍购买带入了一个新的高潮。

发展到现在，“罗辑思维”已经成为了众多自媒人的榜样。可以说，“罗辑思维”创造的预售记录是它秒杀互联网巨头强有力的佐证，也是自媒体发展到如今的强大实力的重要体现。自媒体营销已经走入互联网时代中，逐渐取代传统营销，成为了如今的主流营销方式。在自媒体时代，自媒体人要谨记不要再走营销的老套路，须做好现如今的自媒体营销。

papi酱的代言费为什么这么贵

新晋的“网络红人”papi酱的广告资源招标会如期举行。在这次招标会上，papi酱开创了“单条视频广告最高纪录”。上海丽人丽妆以2200万元拍下了papi酱的广告权，这是一场史无前例的自媒体“网红”标王拍卖，也将载入中国互联网和营销界的史册。

这个事件一经发布，引发了社会各界人士的热烈讨论，papi酱的代言费究竟为什么这么贵呢？这就不得不从papi酱的自媒体营销价值来说了。

papi酱近两年开始逐渐受到大家的广泛关注。这是因为，她不断制作出一系列自嘲和吐槽的搞笑短视频发布在网络上。这些短视频迅速扩散开来，成为了如今的现象级的自媒体，吸引了众多网民的目光，也让惯于营销的“罗辑思维”看到了她背后的营销价值。那么，papi酱的代言费为什么这么贵呢？

1.营销的前提就是能够博得用户的关注

papi酱的代言费之所以那么贵，说到底就是因为她具有较大的营销价值。她能够在营销的过程中通过一些吸引用户的视频，让用户去了解视频的具体内容，并且将产品的信息融入进去，让营销价值最大化。

据统计，papi酱凭借一则《用台湾腔说东北话》而上了热搜榜，并且迅速走红。在之后的短短半年时间里，她开始陆陆续续在腾讯、优酷、爱奇艺、秒拍、A站等多个平台上发布自己的短视频，并且受到了用户的喜爱。仅仅在腾讯上的订阅量就超过了十万，全网总播放量甚至高达1.29亿，成为最火的“网络红人”之一。

当然，papi酱的代言费之所以这么贵，最大的原因就是她的视频善于捕捉社会的热点话题，通过轻松、幽默、诙谐的话题来吸引用户的目光。papi酱将一些产品融入到自己的视频之中，以搞笑的方式将产品、服务的信息传达给自己的粉丝，进而将粉丝变为企业的潜在客户，做好了自媒体时代下的营销。

2.营销的关键就是选择一个强有力的平台

papi酱自称是一位“集才华与美貌于一身的女子”，她开通了个人微信公众号，发布的视频内容几乎都能够达到10万+的点击量，并且得到了无数网友的打赏，拥有了自己的papi酱粉丝团。papi酱还开通了个人的微博，粉丝截止到2019年6月，已经高达3000多万，真正成为了微博上的原创视频博主。

自媒体营销的价值和所选择的平台有密切的关系。papi酱在进行营销的过程中，选择了微博、微信两个强有力的平台，通过自己强大的粉丝基础，不断向用户传达产品、服务的具体信息，进而在这个平台中脱颖而出，受到企业的高度重视。papi酱之所以能够拥有如此高的代言费，与她能够在自媒体平台中建立自己的影响力有重要关系。

3.与“罗辑思维”的合作意向是营销价值最大化的关键

papi酱凭借视频而让自己的账号具有了较强的营销价值，而与“罗辑思维”的合作意向是走向正规的自媒体营销道路的关键因素。“罗辑思维”在自媒体营销中具有强大的号召力，如果能强强联合，papi酱的影响力也会再次上升一个高度。尽管最终合作没有达成，“罗辑思维”中途撤资，但这对papi酱来说也是一次很好的宣传。

这种“网红经济”式的新媒体、新商业的逻辑开创了自媒体时代下的新篇章，也让papi酱将自己的粉丝变为用户，拥有了商业化的形态和营销效果。

随着papi酱的迅速走红，也带来了一种全新的自媒体方式，类似的段子手式的视频营销方式开始逐渐走入人们的视线之中。比如，《万万没想到》等类似的视频，这些视频都逐渐走上了商业化的道路，而视频中的对象都拥有超高的代言费，成为了自媒体营销中的重点对象。

自媒体人要根据papi酱的走红历程，不断总结成功的经验，吸取失败的教训，构建出一个优秀、有价值的自媒体平台，开创出自媒体时代下的新营销方式。

秦刚：一篇文章如何卖出15万元的香皂

微信公众订阅号“最东西”发表了一篇文章，介绍了法国的一款香皂（见图1–4），如果想要购买，只要点击“阅读原文”购买即可。该订阅号有25万订阅用户，这篇文章大概只有18000人浏览，但这款售价为280元人民币的香皂总共卖出了555件，收入高达15余万人民币。这种通过内容引导销售的新模式，真正实现了微信订阅号的变现。

最传统的香皂，来自法国的天然馈赠

原创： 最东西 2015-09-01

“当世界充斥着平庸，总需要极致路过

——最东西”

流行总是循环往复的，从发型到服装，从饮食到家居……但流行的背后总是有一些坚持。你用，或者不用，它就在那里，不声不响。就拿

图1–4 “最东西”的香皂介绍

这个微信订阅号的转化率非常高，平均三天更新一篇文章，却能够让

每个月的销量达到30多万，这是每一个自媒体都想达到的效果。自媒体如何变现，已经成为每个自媒体人思考的问题了。专注互联网创业者的自媒体人秦刚曾经对这个问题进行了深入的研究，他认为，在微信订阅号上写文章是最好的变现方式。一篇微信上的文章是如何做好营销的呢?

1.将目光聚焦，专注于垂直细分领域

在如今这个自媒体时代，内容是自媒体营销成功的关键所在。在这篇卖出15万元香皂的文章中，最为重要的一点就是，它能够抓住用户的消费特点。只有真正了解用户的需求是什么，用户的痛点在哪里，才能够有的放矢，在订阅号中提供用户所需要的内容，为这些产品做一个完美的营销，进而产生非常好的营销效果。自媒体人在变现的过程中，一定要将目光聚焦，专注于垂直细分领域，做好用户的需求画像，进行有效的营销。

2.把好内容关，做有用的内容

用一篇文章卖出15万元香皂的微信公众号叫“最东西”，它每发表一篇文章都需要经过十二个工作流程：收集需求——敲定品类——查阅资料——市场调查——筛选产品——入手四至五款同类产品——对比体验——撰写成文——两层复审——发布——提供购买指南——答疑互动。

从这个工作流程可以看出，“最东西”之所以能够有如此高的转化率和营销效果，与它内容的严谨性有着很大关系。自媒体人应该注重文章的质量，不断按照精品的要求去打造，反复打磨，而不是只看文章的数量，东抄西抄。如果发布的文章自己都看不下去，自然就无法吸引用户更别提产生营销价值了。

在秦刚看来，在微信订阅号变现的过程之中，自媒体人应该做好内容和粉丝两个主要方面。自媒体人应该了解“炒”的艺术，创造一种新的潮流和理念，用优质的内容不断吸引用户。这样不断积累粉丝，抓住潜在的目标客户，做出精准化的推送和营销，将产品推送给潜在客户，达到营销效果的最大化。

微信订阅号“最东西”的这篇文章，能够通过短短的一篇文章卖出15万元的香皂，这就说明这个微信订阅号的团队有很科学的商业化思维和强有力的编辑团队。一篇文章要达到很好的营销效果，需要它始终以营销为目的。编辑团队在撰写文章的过程中，要将产品与用户的需求和痛点结合在一起，增加与用户之间的互动，这样文章才能获得更多的关注，用户才愿意主动去购买产品。

在自媒体时代，编辑的重要性不言而喻。现在最缺少的就是那些能够将复杂的东西写得引人入胜，同时还让文字带有感情的编辑。要想让文章有好的营销效果，就需要自媒体人既能够把握住内容，又能够把握住用户需求；知道怎样创造内容和故事，根据营销的需要制定出系统性的策略，通过内容引导产品销售，达到如这篇文章一样，让微信订阅快速变现。这也是如今企业自媒体运营者想要得到的最终结果。

在如今这个自媒体时代，企业要想得到更好的发展，产品、服务要想得到更好的推广，就需要自媒体人能够在营销中多动脑筋，做好营销创新工作，紧跟时代发展的步伐，才能在竞争激烈的市场中占据一席之地。一篇文章能够卖出15万元的香皂，是预想之外的事情，却也在情理之中，关键要看自媒体人如何去做。

农特微商先行者“柴公子”品牌的打造之路

在互联网时代，曾经流传着这样一句话：“微商一年，电商三年，线下十年。”这句话的意思是，在如今这个时代，微商作为自媒体行业中的一种，发展非常迅速。提到微商，可能有人会想到柴公子的板鸭。

柴公子为了帮助父亲扩展线上的销售，抱着能多卖一点是一点的想法，开始了在微信上卖板鸭的历程。依靠自己的四百个微信好友，他开启了最初的微商之路。最开始在微信上进行营销的时候，只有几单的生意，但是随着微信好友的不断增加，以及独特的营销手段，只用了一个多月的时间，柴公子就由零元做到了八万元的销量。他开始只是自己一个人卖，后来发展到有一帮人和他一起卖，创造了当时微信营销的新高度。

在这次营销的高潮结束以后，柴公子成立了自己的品牌和微商团队。后来，柴公子自己的书也面世了。由柴公子创立的GZ微商团队更是成为了无数微信营销者和微商自媒体者的榜样。

在柴公子品牌的发展过程中，他也经历过无数次的危机和机遇。他卖过产品、当过讲师、运营品牌、出过书，成立了属于自己的团队和品牌。他的营销之路在很大程度上也宣告了自媒体时代已经到来，营销已经不能再走以前的老套路了。那么，柴公子的农特微商之路对如今的自媒体者有什么启示呢？简单来说有以下四个方面：

1.营销的前提：产品好才能得到用户的认可

柴公子在微信上售卖的板鸭之所以能够得到大家的认可，首先，最为关键的一点就是板鸭拥有悠久的历史。板鸭本来就是江西有名的特产，再加上他的父亲从事板鸭这个行业多年，有着一定的时间沉淀，自然就容易被大家所接受了；其次，柴公子所售卖的板鸭属于绿色农产品，符合当下时代的消费需求，体现了绿色环保的营销理念；最后就是柴公子紧紧抓住营销的高峰时间，在春节期间促销。由于人们都在买年货，对板鸭的需求量大，所以营销效果比平时更好。在开发客户的过程中较为准确，就会让这个过程更轻松，这也是自媒体运营者应该学习的。

2.营销的渠道：朋友好才能有高流量

在微信朋友圈卖产品，有一帮支持你、信任你的朋友很重要。很多朋友都知道柴公子是做板鸭的，柴公子很早就在朋友那里宣传了，并且持续了有几年时间。以前他没有卖板鸭，都是以送为主，看时机成熟了才真正开始销售。他一开始是通过淘宝卖，后来改为在微信卖。他的很多朋友都是高管、企业主和白领，他们的经济实力都还可以。当大家知道他在微信上卖板鸭的时候，纷纷来支持。有需求、经济好点的朋友就多买点，仅表示支持的朋友也一般会买上几盒。这也是他的第一批订单来源，给了他很大的鼓励，让他更有信心了。如果没有朋友的支持，他也很难坚持下去。

3.营销的关键：做好内外部的营销是成功的前提

自媒体要想打出名声，构建出品牌，一方面，需要做好朋友圈和平台内部的营销，触动朋友们的购买欲，进而打动他们，引发购买行为；另一方面，需要做好外部的营销工作，让更多的人关注个人品牌和产品的推广。毕竟朋友再多也是有限的，开发新的客户是营销的关键所在，也是“柴公子”品牌一直注重的工作。当然，要想达到这个结果，做好内外部的营销，就需要写好文章，尤其是一些能够抓住热点的、原创的优质文章。还要找一些微信大号帮忙做宣传和推广，并主动参加一些外部的培训，招纳分销商，不断将个人的品牌名声扩大。有了一定的粉丝基础，才能最大程度地达到营销目的。

柴公子个人品牌的构建之路是从微信上开始的。从柴公子的微信朋友圈，可以发现，他发布的产品和产品的描述很少，这都是得到用户喜爱的关键所在。刷屏式的营销方式不仅会让用户反感，甚至还会减少粉丝量。此外，柴公子始终秉承客户是上帝的原则，不仅经常与用户互动，更是全方位地服务好用户，并且经常高速发货，从方方面面做好营销工作。柴公子还经常分享用户成功购买的信息，采用多种营销活动，如卖板鸭送酱油等，来做好营销工作。

4.营销的保障：口碑好才有营销的可能

在自媒体时代，要想达到营销的目的，口碑就显得格外重要了。柴公子就是充分意识到了这一点，在微信营销中，他总是能够及时地回复一些朋友的问题，并且经常和大家互动、交谈，因此和他们成为了知己，赢得了好口碑。除了个人的口碑之外，产品的口碑也非常重要。柴公子邀请朋友将板鸭的历史撰写成一篇两千字的软文，发布在了朋友的企业微信公众号上，得到了大量的转发。慢慢地，产品的口碑也就打出来了。个人的口碑和产品的口碑都做出来了，“柴公子”的品牌自然就受到了大家的关注。

总而言之，“柴公子”品牌之所以能够取得如此大的成功，与以上四个方面密不可分。在移动互联网时代，微信用户的数量已经超过了中国总人数的一半。越来越多的传统媒体人开始转型，进入自媒体行业，自媒体营销也已经成为现如今一种重要的营销方式。柴公子就是在这种时代背景下，把握住了自媒体营销的有利时机，分到了一杯羹，成为了农村特色产品的微商先行者，构建了属于自己的品牌，打造出自己的良好声誉。

个 人 篇

第二章

每个人都是自媒体，你的品牌你造就

在自媒体时代，每一个了解互联网的人都有成为一个专业自媒体人的想法。但是，对于如何打造出你的自媒体品牌，却没有一个统一的标准和答案。其实，对于大多数个人自媒体来说，打造品牌的关键就在于个人。你能否对你的团队有一个清晰的定位和认知，能否具有营销自媒体的能力，这都是影响自媒体品牌的关键因素。

你想打造一个什么样的个人品牌

随着自媒体的不断火热，越来越多的人开始了解自媒体、接触自媒体，包括许多传统媒体人都开始转型，加入自媒体的大军。自媒体平民化的特点，使得自媒体的入驻门槛较低，每个人都可以在这片天地中大展拳脚。但是，很多人对自己要打造一个什么样的个人自媒体品牌，却没有一个清晰的认知，仅仅只是抱着随大流的想法去做自媒体，那样是没有任何意义的。

构建属于你的自媒体品牌的确很简单，只要会上网、会打字，对互联网有简单的了解，就可以利用网络上的自媒体平台将你的意见、观点发表出来。但是，全民自媒体时代的到来，对个人自媒体提出了更高的要求。在这个复杂而又竞争激烈的自媒体时代，要想打造属于你的个人自媒体，就需要自媒体人能够明确你想要打造一个什么样的个人品牌，只有定位准确才能更加精准地营销。

当然，对于想要做自媒体的个人来说，自媒体没有太多的限制条件，它给予了大家自由的舞台。如果你擅长做管理，就可以做管理方面的自媒体；如果你擅长炒股，就可以做股票方面的自媒体；如果你擅长音乐舞蹈，就可以做才艺方面的自媒体。如果在你擅长的领域去做自媒体，那么微博就可以作为自媒体平台，也更加容易吸引粉丝，进而打造出你的品牌。

张召忠是著名军事理论家、军事评论家，他的军事知识非常渊博，经常给大家讲解军事知识。由于他平易近人，而且在节目中比较风趣幽默，也会和大家开一些小玩笑，所以被粉丝戏称为“忽悠”大家。粉丝还给他取了个“局座”的绰号，意思是他是“战略忽悠局”的局长。张召忠不但没有生气，还欣然接受了粉丝们给的这个称号，微博的账号名也改为“局座召忠”。

为了给网友科普军事知识，张召忠几年前就在很多年轻网友聚集的哔哩哔哩开通了账号，并开始上传视频和做直播，做起了自媒体。他专业的知识和平易近人的风格很快就受到了哔哩哔哩用户的欢迎，在哔哩哔哩收获了很多粉丝。

张召忠能够迅速吸引粉丝，赢得年轻人的喜爱，除了他本身强大的影响力之外，与他风趣幽默的风格也有很大的关系。他的视频内容非常有趣，因此，将自己的自媒体打造成了一个适合年轻人的品牌。

曾经有这样一篇文章，标题是《中国最贵的自媒体排行榜》。文中除了著名的papi酱之外，还有一个名为“混子曰”的自媒体。“混子曰”是知名自媒体人二混子——Stone（原名陈磊）运营的微信公众号，它的自媒体报价已经达到每条广告150万余元，成为继papi酱之后，当之无愧的自媒体红人。他以Stone小知识、Stone历史剧等话题内容来运营自己的公众号。

很多人都看到了“混子曰”自媒体的成功。但是，很少有人将他的成功与他对自媒体账号的准确定位联系在一起。二混子——Stone本身就曾经出版过原创漫画《一般不扯淡》，并赢得了广泛好评。他利用自己的这一优势与自媒体营销联系在一起，不断以搞笑的漫画对白提升营销效果。尤其是他发表的《Stone汽车台——保胎的自我修养》（见图2-1），更是完美地将广告和漫画相结合，以一种诙谐幽默的方式来打造属于自己的自媒体品牌。

图2–1 《Stone汽车台——保胎的自我修养》

在陈磊开始进行微信自媒体营销时，恐怕他也不知道自己会有如今的营销价值。但是，他对想要打造什么样的自媒体却有清晰的认知，他在微信公众号中这样介绍：“没有你不明白的道理，只有给你讲不清道理的人，历史是这样，所有事都是这样。”就这样，陈磊一个人用一支笔、一台电脑，从中国历史讲到世界历史，将历史、漫画、营销有效结合起来，构建了属于自己的自媒体品牌。

每个人在走上自媒体营销的道路之前，都要对自己想要构建出什么样的品牌有清晰的认知。只有对自己定位准确，明确了想要打造一个什么样的个人品牌，才能像papi酱、“混子曰”一样，在自媒体时代脱颖而出，让自己的自媒体品牌得到大家的认可，并把营销工作做好。

当然，自媒体人也要知道，想打造一个什么样的个人品牌可以由自媒体人来决定，但是最终营销效果就需要用户的认可度了。因此，自媒体人打造个人自媒体营销品牌的时候，要充分考虑用户、粉丝的性格爱好，以及经常活跃的平台。只有这样，才能让你的品牌在自媒体平台中更快地得到用户和粉丝的认可。

营销人员：卖产品不如先卖自己

说到个人自媒体营销，自然就需要提到营销人员。在很多时候，一个自媒体的成功与否与营销人员密不可分。早在传统营销方式中，曾经有人说过卖产品不如先卖自己。伟大的汽车销售大师乔·吉拉德说过：“其实我真正卖的世界第一的不是汽车，而是我自己，以前如此，未来也是如此。”无论是在过去的传统媒体时代，还是在如今的自媒体时代，或者在未来未知的时代里，都要重视营销人员，要意识到卖产品不如先卖自己，而要想达到这个目的，就需要做到以下四个方面：

1.做好自我的名片设计，选择擅长的领域

在自媒体时代下，名片对于每个自媒体人都是非常重要的。名片包括自媒体人的个人微信号简介、公众号的介绍、QQ签名和微博介绍等。社会化的传播途径都需要自媒体人加以重视。毕竟在移动互联网时代下，这个就是用户认识自媒体人的窗口，也是个人自媒体品牌辨识的标志。

对于刚刚开始做自媒体的人来说，在由微信主导的这个移动社交时代，自媒体人更是需要选择自己擅长的领域，拿出干货，去帮助更多的用户解决问题，也只有这样，才能让他们认可你的品牌。作家格拉德威尔在《异类》一书中曾经提出“一万小时定律”，意思就是要想成为某个领域的专家，五年的时间足矣。自媒体人一定要在做个人自媒体的过程中做到坚持，选准一个领域，不断努力，直到成为这个领域的专家，用自己的个人魅力来征服粉丝和用户。

2.自媒体人要学会抱团站队

俗话说：“众人拾柴火焰高。”自媒体人成功地营销自己，就能够赢得粉丝的关注。要想达到这个目的，就需要自媒体人抱团战斗，而不是追求个人的独立自由。要知道，在如今这个时代，是讲究协作共赢的，单打独斗已经成为过去。和其他自媒体人形成友好合作关系，是成为自媒体大咖一个重要的标准。自媒体人可以在微博、微信与粉丝或者其他自媒体人互粉、互推、互转等，以及参与到各种QQ群、微信群、红包群的互动之中，并且学会“@”一些大号来做好个人营销工作。

3.学会借助外力来为营销加点猛料

自媒体时代要想快速“吸粉”，就要充分利用粉丝的好奇心理。要想成为自媒体大咖，就要学会借助外力来为营销加点猛料。比如，一些内幕爆料、行业热点等信息都可以充分利用起来，让粉丝嗨起来，然后不断根据舆论的走向调整自己的营销策略，进而吸引大量粉丝关注。比如，在微博中就有“周一见”“大概8：20发”等事件，成功地调动起粉丝的好奇心，将粉丝的目光聚焦在自媒体人身上，进而做好个人营销。

4.做好个人公关，让“卖自己”也能后顾无忧

说到公关，可能很多人第一时间想到的都是企业。其实，对于自媒体营销来说，尤其是个人来说，做好公关也很重要。人无完人，每个人都不可能做到百分之百地令粉丝满意。对于一些有才华，但是又有个性的自媒体人来说，做好个人的公关是非常重要的。只有做到让大多数人满意，才能让“卖自己”后顾无忧。要想达到这个目的，需要自媒体营销人员在营销中保持谦逊、友好的态度与粉丝互动，加深彼此之间的了解，进而做好之后的营销工作。

对于个人自媒体来说，“卖产品不如先卖自己”的意思就是要让自媒体人做好自己的营销工作。诚然，不可能每一个人都像“混子曰”的创始

人陈磊一样，在做自媒体以前就已经出版过个人作品，拥有一批“真爱粉”。但是，自媒体人一定要有这个意识，在做自媒体品牌时有意识地做好个人的营销。只有成为自媒体大咖，才能更好地通过个人影响力扩大个人自媒体的影响力，造就自己的品牌。

技术专家：学会知识营销，你会更值钱

随着互联网时代的到来，人们接收的信息越来越繁杂，用户在看到这些信息时，不知道哪种信息是有价值的。在这个背景之下，自媒体营销中的知识营销应运而生。自媒体人针对目标市场的相关需求，对知识有效传播，从而实现自身的市场价值和社会价值。因此，自媒体人也要在营销中成为技术专家。通过知识营销的宣传，让用户不仅知其然，而且知其所以然。建立新的产品概念，进而使用户产生需求，达到营销的目的。当然，想要做好知识营销还需要一定的信息传播途径，否则知识营销就成为空洞的概念。另外，知识营销必须要遵守诚实守信、利益兼顾、互惠互利、理性和谐的原则。只有这样，才能让知识营销更有说服力。

说到知识营销，就不得不提著名经济学家郎咸平的微信公众号“郎club”。他曾被认为是具有价值的自媒体人之一。他的微博拥有1700多万粉丝。当然最为关键的是他的观点独到、受众面非常广、粉丝的活跃度高，吸引了无数用户的关注。

“郎club”之所以能够得到如此高的关注，最为重要的一个原因还是郎咸平拥有足够多的专业知识。他能够对大家最为关注的财经信息、金融政策、货币理财等话题去进行有理有据的描述，并且解答粉丝的困惑。因

此，他的公众号是很多中国股民都在关注的一个公众号。

“郎club”之所以能够如此成功，原因是他能将知识营销运用到自己的自媒体中，成为了自媒体当中的技术专家。在自媒体时代，越来越多的自媒体人开始推崇知识营销。知识营销可以为用户搭建起学习技术的平台，有利于自媒体人提高个人品牌知名度，更好地得到粉丝的信任，让自媒体变现更加容易。知识营销有如此好的效果，那么自媒体运营者如何来进行知识营销呢？

1.对用户服务的过程中强化知识的教育和传播

在知识营销之中，要想达到好的营销效果，就要针对用户进行所要营销的知识的宣传和传播。一般来说，可以直接通过服务向用户提供知识，有售前、售中、售后知识传播；向用户宣传新产品的知识，解决用户疑问，保证用户能够顺利使用产品；还要向用户提供售后服务，让用户在使用产品时有更完美的体验感。另外，及时传递新的知识信息，往往能达到更好的营销效果。

2.让知识始终贯穿于自媒体营销过程中

做知识营销时，知识是自媒体人发展的一个关键因素。只有把营销的过程和知识结合起来，才能在营销之中达到较好的效果。在知识营销中，知识是取得用户信任的核心要素，必须充分重视起来。

“玩车教授”姚俊峰一开始并不懂汽车行业。但是，为了乘上自媒体这个东风，姚俊峰不断学习关于汽车方面的知识，然后发表文章（见图2-2）。他用专业的知识，配合幽默诙谐的话语，再将营销融汇其中，成就了著名的自媒体品牌。他还成立“车买买”和“玩车TV”两个栏目，拥有了自己的团队。很快，“玩车教授”就拥有了不少粉丝，每条广告的价值已经高达17万余元，成为整个汽车行业内不容忽视的自媒体品牌。

图2-2 “玩车教授”公众号的文章

知识营销的力量是无穷的，它可以帮助自媒体人更好地得到用户的认可，继而影响到用户的行为。想要尽快在用户那里产生影响力，自媒体人要在营销的过程中将知识传播给用户，引导用户的消费观念和生活方式，并不断普及产品的信息，激发用户的消费欲望。让用户了解产品的发展趋势和消费趋势，从而扩大品牌的影响力。只有将营销过程和知识营销的理念相结合，才能将知识营销做好。

3.要不断加强自身的专业知识能力

对于知识营销来说，知识是营销的主体，也是引起传播、树立个人形象的关键。自媒体人要不断加强自身的专业知识，提升自己的能力，保证将更优质的知识传播给用户，得到用户的信任。在知识营销的过程中，营销人员的表达技巧和专业程度会直接影响到用户的信任度和认可度。在知识营销中，知识的表达和发布能力是自媒体人必须要掌握的关键能力。因此，做自媒体营销时，我们要不断加强自己的专业知识和能力。

用知识推动营销，最终实现盈利，这就是知识营销的精髓所在。在知识营销中，信任是营销的前提，知识是营销的关键。在个人自媒体品牌进行知识营销的过程中，知识必须是真实而又对用户有价值的。只有这样，才能取得用户的信任，才能让用户对产品有较好的印象，更好地展开自媒体的营销工作。

自媒体创始人：创始人的故事就是最好的营销内容

无论是对一个人，还是对一个团队，创始人都是自媒体营销的关键。创始人是自媒体营销的核心力量，创始人的故事也就是最好的营销内容。在打造自媒体品牌的过程中，创始人必然会面临各种各样的困难和危机，不是在创业的起步阶段缺少资金，就是在营销的过程中无法快速吸引粉丝。创始人在面对这些危机的时候，通过自己的勤奋、胆识、智慧来解决问题，取得成功，或者虽然还没有取得成功却依旧坚持不懈，这些都可以成为创始人的故事。

当创始人将自己做自媒体时的故事告诉用户的时候，就会让用户更加了解你的自媒体，并越来越认可你，这就是一种非常有效的营销方式。那么，自媒体人如何讲好创始人的故事，并用讲故事的方式做营销呢?

1.创始人身份的转变，高学历也代表着高知识

在上文中，我们提到过，知识营销已经成为自媒体中取得用户认可和信任的一个关键方法。很多时候，我们不得不承认，高学历的人在一定程度上有更广的知识面，也有更强的学习能力。关注微信公众号的人，尤其是一些年轻的妈妈可能听说过这样一个公众号，那就是“米粒妈频道”。

“米粒妈频道”是一个每天都能收到上千条留言的专注于婴幼儿养育知识分享的个人自媒体。它的大多数用户都是80后、90后的新晋妈妈，它的创始人米粒是一个被百万粉丝给予高度信任的“网红妈妈”。

米粒妈是一个地道的北京人，毕业于美国一所著名的商学院，是一个曾经担任过世界500强企业高管的海归妈妈。她有了孩子之后，就辞去了原来的工作，成为了全职妈妈。在孩子的英文启蒙方面她有自己的经验，于是便注册了公众号，不断将经验传授给大家，吸引了不少年轻妈妈的关注。

不得不说，在自媒体营销之中，米粒这个曾经做过世界500强企业高管的海归妈妈身份，相比于很多没有这个经历的自媒体人来说，是个很大的优势。她更容易赢得年轻的爸爸妈妈们的信赖，而她进入自媒体营销中的故事也能够吸引大家的兴趣。对于英文启蒙这方面，作为一个毕业于美国商学院，并且有英文启蒙经验的妈妈，她完全能胜任，能够给用户专业的知识，更容易得到用户的信任，进而达到营销的目的。

2.好故事成就好营销，创始人故事应具备三个因素

世界那么大，故事那么多，什么样的故事才能成为好故事，并且帮助自媒体人做好营销呢？一般来说，自媒体人在讲述创始人故事的时候要具备这三个因素：

（1）学会换位思考，将用户的情感融入进来，让用户认同它。创始人的故事能够成为最好的营销载体，是因为它能够激发用户最真实的情感，让他们感同身受。用户感同身受之后，自然就能够更好地理解自媒体营销存在的意义了。同时，自媒体人还要做到换位思考，想办法让他们意识到你在考虑他们的感受，感觉他们在被尊重、被重视。只有这样，自媒体人才能成为用户的朋友，让用户更加信任自己，也愿意听自己的故事。这样一来，你的故事就对他们有了非常强的吸引力，你的故事也就成为了营销的利器。

（2）不断去联系更有内涵的内容，让故事与使命、目标相结合。无论是对个人自媒体还是团体自媒体，创始人的故事中最核心的内容就是与自媒体的使命和目标有交集的部分。只有让更多的人明白你们的使命和目标，他们才会有归属感。自媒体人将故事和自媒体的长远目标串联起来，形成强大的感染力，自然就强化了自媒体人的价值，可以更好地展开营销工作。

（3）认同这个故事，并且不断去叙述它。其实，很多时候，创始人的故事能达到什么样的营销效果，完全在于如何讲好这个故事。但是，没有人天生就会讲故事，这个时候，就需要不断加以练习，寻找出更具启发性的讲授方法，才能让故事拥有更强的影响力，达到营销的目的。

3.创始人的故事不仅要有成功，还要有失败，这样感染力更强

可能很多创始人为了保持自己的品牌形象，都希望展示自己成功的一面。成功的故事的确能够起到很好的激励作用，不断给予员工勇气和希望，也给用户传递出积极的信息。但是，创始人失败的故事同样也是至关重要的。只有适当地展示自己脆弱的一面，让用户看到更加真实的你，他们才会完全认同你。当他们知道，你不是天生强大，而是从失败中走出来，最终走向了成功，在无形之中，用户和你的距离就会不断拉近。故事之所以能够成为营销利器，还因为它强大的感染力。能够用有深度、正能量的故事不断去宣传自己、感染用户，向外界传达出必胜的信念，才能增强整个自媒体品牌的自信力。

自媒体的创始人是领头羊，也是风向标，他的故事是激励用户的关键所在。所以，在打造个人自媒体品牌的时候，要学会将创业者的故事融入其中，不断将自媒体的价值观扩散开来，让更多的用户认可它、相信它，自媒体品牌就创立起来了。

大众自媒体人：专注细分模块，奇迹一不小心就来了

在如今这个时代，自媒体已经全面进入人们的生活、工作之中。但是，随着自媒体的不断发展，开始显现出自媒体内容同质化的问题。大众自媒体人要想在这个大的时代背景下打造出属于自己的品牌，就必须要意识到差异化的重要性。只有专注于细分模块，才能让你与众不同，同时也让你拥有不拘一格的创造力。因此，大众自媒体人要对自己的自媒体进行一个准确、专注的细分，想办法让自己的自媒体创造出营销的奇迹。自媒体人究竟如何做好专注细分模块呢？需要从以下两个方面入手：

1.自媒体人注重差异化，对市场进行细分

选择进入自媒体这个行业之前，每一个大众自媒体人都会面临一个问题：你要做哪方面的自媒体，也就是进入自媒体市场的哪个领域呢？这个时候，就需要自媒体人对市场进行细分，确立一个差异化的定位，找出最有利于自己的区域，并专注于这个特定的领域，做到人无我有，人有我专，在自己擅长的领域内把自媒体做精做细。

徐沪生曾经是一个著名的传统媒体人，是《外滩画报》的总编辑，之后成功转型成为自媒体人。在自媒体的道路上可能有着更多的困难和阻挠，但是他没有犹豫，看到机遇之后果断辞去了《外滩画报》总编辑的职位。他先进行了详细地市场划分，然后创办了自己的公众号，创造了属

于自己的自媒体营销品牌。徐沪生认为“所有未在美中度过的生活，都是被浪费了”，拥有这种信念和细腻情感的徐沪生成功地找到了自己的道路，成为早期熔生活、潮流、文艺为一炉，原创杂志化视频发布的一个代表人物。

徐沪生参与到视频制作的每个环节，从每个镜头，到每个标点符号，包括最后取标题，这种精益求精、一丝不苟的工作态度为他带来了丰厚的回报。“一条”公众号每天一条视频，15天粉丝破百万，逐渐成为自媒体营销中的佼佼者。对徐沪生来说，既要守住传统媒体的精华部分，还要在“互联网+”时代下，打造出自己的一方天地。这种细分市场，将差异化进行到底的行为，无疑是个冒险的举动，但同时也给他带来了很大的机遇。

从市场来看，总有一些不被重视、没有被占领的空白领域；从用户的角度来看，用户总有一些没有被满足的区域，也总有一些他们自己都没有意识到的需求。这个时候，自媒体人的主要任务就是寻找那一个区域，推出能够有效满足这一细分市场的内容，然后作为自己的竞争优势，深耕细作，就能够让自己差异化发展了。

2.做好用户的专注细分，为有价值的读者定制内容

在如今这个自媒体时代，几乎人人都成为了自媒体的用户。但是，这些用户群却是多种多样的，这个时候，自媒体人要做好用户的细分，精确地定位出对你的自媒体有价值的用户，有针对性地根据他们的喜好，为他们提供内容和服务，最终才能让营销达到最佳的效果。

要想做好用户的细分，找出有价值的用户，就需要大众自媒体人对自己的用户进行分析。从用户的年龄、职业、文化背景、受教育程度、阅读习性等方面进行深入、专注的细分，从而分析出他们的喜好特点、价值观和需求，进而思考什么样的话题能够吸引他们，他们希望了解什么样的内容，最终为他们订制有吸引力的内容。

在为用户订制专属于他们的内容时，还需要自媒体人把这些内容做“精”。也就是要对这个领域仔细研究，做出好内容，做出用户需要的内容。一个自媒体品牌的兴盛，需要依靠高质量、高价值的内容来实现。用这些内容来吸引用户的目光，引起他们的兴趣，唤起他们的热情；提升内容的精彩度，进而不断增强用户的黏性，把营销工作做得更好。

总之，无论是从市场出发，还是从用户角度出发，大众自媒体人都要专注细分模块。针对某一个模块，专注、坚持，那么，什么样的营销奇迹都有可能发生。如果想要打造出一个能够影响大多数人的自媒体品牌，专注细分模块是必须的。

学会全网营销，让你的品牌无处不在

在移动互联网时代，自媒体营销已经铺天盖地席卷而来，完全融入了人们的生活当中。在这个竞争激烈的时代背景下，自媒体人要想更好地提升自己的品牌形象，就需要利用一切可能接触的网络资源为自己的自媒体进行营销，不断扩大自媒体的营销范围，这也就是所谓的全网营销。它包括网站、自媒体、电媒体、朋友圈等多个平台。全网营销是自媒体人让自己的品牌无处不在的关键因素。

有13年媒体从业经历的黄章晋在媒体圈为人熟知。黄章晋卸下《凤凰周刊》执行主编职位，从新疆旅行归京后，同年7月注册了“大象公会”。黄章晋从一个资深的传统媒体人转型为自媒体人，开创了属于自己的品牌“大象公会”。它主要为追求高品质的年轻人打造优质阅读内容。这个公众号以“知识、见识、见闻，最好的饭桌谈资”为标签，提供原创知识性内容。微信公众号是它目前发布内容的主要渠道，但是它并没有被平台限制住。要想让自媒体无处不在，就需要多个平台。微信公众号虽然是很多用户的首选，但是用户也会使用其他平台。因此，它又覆盖了微博、今日头条、一点资讯等多个自媒体平台。黄章晋这一大胆的尝试，将传统媒体人带进一个新的领域，实现了营销的发展和创新，成为自媒体营销的典型代表。

自媒体营销时代，越来越多的自媒体人开始投入到全网营销的浪潮之中。其实，从时代发展的角度来说，传统媒体必然会慢慢退出历史的舞台，用户的关注点也必然会从传统媒体转向新媒体。对于自媒体人来说，做好全网营销就要了解各个平台，让自己的品牌广告渗透各个领域，进而更好地完成营销任务。

1.微信公众号

说到全网营销，很多人的第一反应就是选择微信公众号。可以说，微信这个平台是大多数自媒体人的主战场，也是现如今火热的平台之一。微信有着海量的用户，营销效果在所有的自媒体平台中位居前列。不过，随着越来越多的自媒体平台的崛起，近几年，微信的阅读量也开始明显下降，用户的时间也越来越难以掌控。自媒体人唯一要坚持的制胜法宝就是要做原创、有价值的内容。

2.微博（以新浪微博为例）

“用手机随时随地发微博，用一句来记录生活。”自媒体时代的到来，使得新浪微博成为了全国主流的自媒体平台之一，人气持续高涨，也成为了众多自媒体人士的聚集地。尤其是自媒体“大V”、专业人士、明星等，都有自己的微博。微博拉近了普通粉丝和自媒体人的距离，也是众多自媒体人进行全网营销的一个关键平台。

3.今日头条

经常关注新闻的人可能都知道今日头条这个自媒体平台，据有关数据显示，这个平台有4亿的用户群体，每天有4000万的活跃用户。刚开始，要想入驻今日头条这个平台，自媒体人需要花费大量的时间和精力。但是，为了方便自媒体人，今日头条放低了入驻门槛，因此，这个高流量的聚集地也成为了众多自媒体人争先想要入驻的平台。

在今日头条这个平台中，自媒体人务必要专注一个领域，有针对性地去写文章，还要注重原创文章，要给用户提供有效的原创文章的链接。在今日头条，自媒体人可以根据用户的阅读记录，精确、有针对性地向用户推荐消息，让营销的效果变得更好。

4.搜狐新闻自媒体平台

搜狐是一个难得的申请简单、容易通过且流量极高的自媒体平台。自媒体人一定要重视这个自媒体平台，在这个平台发布的文章只要是原创、有价值的内容，那么，获得流量是不成问题的。自媒体人要做好全网营销，不可遗漏这个好平台。

除了以上这些平台，还有很多自媒体平台，在这里就不一一列举了。自媒体人可以根据品牌发展的需要，自行选择平台。另外，做好全网营销还要注重对注册的自媒体号的维护，不要以为在这些平台上注册了自媒体号就可以不管了。在全网营销中，最忌讳的就是刷屏式推荐信息和抄袭。自媒体人要站在用户的角度，用优质的内容来回馈用户，做好每一个平台中的自媒体，只有这样，才能让你的品牌无处不在。

做好线上导流，让粉丝随时都能找到你

对于自媒体营销来说，流量是进行营销的关键，没有流量，何谈吸引粉丝？没有流量，你的产品再好，也难以拥有好的销量，做起营销工作来也非常吃力。在自媒体时代，要想做好引流的工作，自媒体人就务必要注重线上导流，注重和粉丝间的互动，让你的粉丝随时随地能找到你，进而带动粉丝的活跃性和黏度，让粉丝带动自媒体的自传播。要想打造出个人的自媒体品牌，自媒体人务必重视线上导流，从以下几个方面入手，能够让粉丝随时找到你。

1.在自媒体平台上及时回复粉丝消息

及时对粉丝的提问进行回复，是让粉丝找到你的前提，也是自媒体人和粉丝做好沟通的前提。无论是微信公众号、微博，还是QQ等社交媒体，自媒体人要想得到粉丝的关注，就需要和粉丝互动起来。对于用户发表的留言或者评论，能够及时地进行回复，否则他们可能不会再评论、留言，长久下去，自然就不会再继续关注你了，你的人气也会越来越差，粉丝的活跃度也会大大降低。因此，自媒体人唯有及时回复粉丝的消息，增强与粉丝的互动，才能让粉丝产生“随时都能找到你”的良好感觉。

2.用一些特殊的活动增强与粉丝的互动

做好线上导流的一个关键，就是自媒体人要学会通过一些特殊的活动增强与粉丝的互动，而最为常见、最为有效的活动就是直播。在自媒体时

代，随着自媒体的不断发展，自媒体人必然要面临越来越多的挑战。从以往只需要埋头码字，通过文字内容和粉丝互动，到如今需要开始不断“露脸”“露才艺”进行直播互动，对自媒体人提出了更高的要求。直播是能够拉近和粉丝之间距离的重要方式，因此，自媒体人一定要重视起来。

网易成立了一个全新的订阅平台，名为“网易号”。在这个自媒体平台中，直播不再只是“网红”的专属了，每个自媒体人都可以通过这个平台给自己的粉丝进行直播。不用依靠高颜值，只需要利用自己的专业性和垂直化，做好与粉丝的互动，就可以让自媒体人走出一条与以往截然不同的道路。在这个平台推出之前，网易也做出了很多直播尝试，比如曾经轰动全城的“胖大姐重出江湖”，还有粉丝参与的“我来直播BIGBANG”等，都是自媒体人通过直播做好线上导流的案例。

自媒体人可以通过在自媒体平台上推出类似直播的线上导流活动，以及有问有答的活动，解答大部分粉丝的问题，不断与粉丝建立起直接的联系。这可以增强自媒体人和粉丝之间的黏性，扩大粉丝群，同时还能让自媒体生产内容和获取粉丝的方式更加多样化，成为“引流”和“吸粉”的利器，也能让你的粉丝随时找到你。

图2-3 “混子曰”的自动回复内容

3.针对粉丝问题巧妙设置自动回复

对于自媒体人来说，自动回复是一个非常有用的功能，通过这个功能做好线上的导流，可以让粉丝能够随时找到你。自媒体人可以对以往粉丝的问题做出详细的收集、分析，并且整理出大多数粉丝会提问的问题，巧妙地给用户设置出自动回复，让用户产生随时都能找到你的感觉。

上图（见图2–3）就是粉丝关注“混子曰”的微信公众号之后，他们设置的关于“找二混子”的自动回复。从图片中可以看出，“混子曰”这个微信公众号对自动回复的设置较为巧妙，能够让粉丝通过这些渠道来联系到自媒体人，让粉丝产生好感，继而更轻松地做好线上导流的工作。

除了以上三种方法，自媒体人还可以根据粉丝的兴趣，成立粉丝群，让粉丝自己进行互动和交流，自媒体人只需要偶尔出现即可。这样，既可以加深粉丝和自媒体之间的黏性，也可以更好地做好线上引流的工作，打造出属于你的有影响力的自媒体品牌。

做好口碑传播，让粉丝为你吸引粉丝

在自媒体营销中，每个人都会拥有一批忠实的粉丝，只是数量或多或少。自媒体要想得到更好的发展，就需要这些忠实的粉丝发挥口碑传播的力量。简单来说，口碑传播就是需要自媒体人不断发挥粉丝的力量，让那些认可品牌的粉丝自觉地成为传播的媒介，让粉丝为你吸引新的粉丝，最终不断扩展你的品牌影响力，扩大你的粉丝群，打造出属于你的品牌。

在互联网营销中，说到口碑传播，就不得不提雷军的小米。小米的发烧友如今已经遍布世界各地了。在早期的产品推出之后，小米在没有强大品牌营销、没有产品积累的背景下，注重用户的忠诚度和维护用户的纯粹度，让早期的用户变成了小米的发烧友。然后，小米围绕这批发烧友进行营销，让小米的口碑越来越好，最终拥有了大批的忠实粉丝。对于个人自媒体来说，也是这样，只有做好口碑传播，才能让你的粉丝为你吸引更多的粉丝。那么，如何做好口碑传播，达到让粉丝为你吸引粉丝的目的呢？这就需要自媒体人做好以下四点：

1.围绕粉丝去做营销是形成口碑的前提

自媒体人在做营销之前，一定要拥有一批自己的粉丝，做好粉丝的早期积累。做好早期粉丝积累的前提就是要去做出一些粉丝感兴趣的产品和内容，直击粉丝的痛点和需求，这样才能让这些早期的粉丝变成你的发烧友，然后再围绕这批粉丝做营销。那么，口碑自然就能够传播开来，粉丝也会主动将自己认可的产品和内容介绍给他人，让更多的人变成你的粉丝。对于自媒体人来说，只有在营销的过程中，注重用户的感受，围绕用户来做产品、做内容，才能让品牌的口碑迅速蔓延。抓住粉丝的心，进而抓住更多追随者的心。

2.正确、真诚地对待早期的粉丝是关键

口碑传播的一个关键点是让品牌的忠实粉丝来为自己吸引更多的粉丝，这就需要自媒体人在营销的过程中，正确、真诚地对待早期的粉丝。也可以说维护好早期的粉丝，等于拥有了吸引、调动更多粉丝的“兵符”。因此，自媒体人要想做好口碑传播，就必须正确地对待早期的粉丝，可以给这些粉丝一些权利，让这些粉丝参与到你的品牌营销中。这样，才能带动更多的后来者参与进来。

很多自媒体人在开始打造属于自己品牌的时候，为了吸引更多的粉丝，都会在营销的过程中给用户一些权利、优惠券，这些必须建立在真实有效的基础之上。粉丝有了这些权利之后，就会不自觉地在自己的工作和生活中为这些品牌做传播，然后为你赢得更多人的关注。这样就形成了一个良性循环，粉丝在这个过程中也会对这个自媒体品牌产生依赖，自然也就做好了口碑传播。

3.用情感去维系粉丝是口碑传播的重点

粉丝是口碑传播的核心。在打造自媒体品牌的过程中，自媒体人务必要维护好前期的粉丝，可以定期给粉丝送上温暖的问候、贴心的提示、人性化的便利等，这些都能在情感上让粉丝对自媒体产生依赖。自媒体人要做好口碑传播，让粉丝为你介绍更多的粉丝，就需要主打感情牌，为粉丝送上一波又一波的情感内容。当然，自媒体人一定要把控好用情感维护粉丝的度。

4.用真实的口碑去带动粉丝自动传播是传播的保障

在营销的过程中，要想让粉丝心甘情愿地去为你的品牌做免费的广告，需要自媒体人在营销的过程中，不断将最好、最有价值的内容提供给粉丝。当粉丝真正感受到品牌的强大优势时，他们就会帮你去宣传，进而形成良好的口碑。

自媒体人要想快速地让口碑树立起来，还需要在一定程度上满足粉丝精神层面的需求，给粉丝营造一种健康、乐观的感受。只有让粉丝成为自媒体品牌的忠实粉丝，才能实现粉丝的自传播，从而做好口碑传播的工作。

综上所述，自媒体人只有做到以上四点，才能做好口碑传播，让粉丝为你吸引粉丝，打造出属于你的品牌。口碑是品牌得到更多粉丝认可的关键，只有自媒体人正视口碑的作用，不断做好口碑的传播，才能在打造品牌的过程中快速地拥有忠实的粉丝，从而达到预期的营销目的。

企 业 篇

第三章

企业自媒体营销的定位

在如今这个自媒体时代，很多企业都在运营自媒体，然而也有一些企业在自媒体上栽了跟头。究其原因，就是在最开始营销定位时犯了大忌。定位，对任何一家企业的营销来说都是格外重要的，它决定了企业的产品推送、目标用户、营销成本、市场行情。因此，在企业开始进行自媒体营销之前一定要做好营销的定位，避免陷入营销的误区中。

产品分析：找准你的产品自媒体领域

在自媒体运营中，自媒体人要想做好自媒体营销的定位工作，首先就要做好产品营销策略的分析。在如今的很多产业中，如餐饮、服装、快速消费品等，在线营销方式已经开始风声水起，自媒体营销融入企业的发展之中，成为营销的关键所在。但是，并不是每一个企业在自媒体营销之中都会取得预期的效果。只有做好产品的营销策略分析，做好产品的推广工作，才能让企业的自媒体营销有一个准确的定位。其实，在自媒体时代，找准产品自媒体领域，需要自媒体人从以下四个方面入手来做：

1.做好品牌提升的营销策略

产品要想得到用户的认可，达到营销的目的，就需要自媒体人从品牌的提升上入手。在自媒体平台，通过品牌功能、品牌创新点、品牌优势、品牌与同类产品的不同之处来不断提升品牌的知名度和美誉度。自媒体的运营本质就是企业的品牌运营。一般来说，消费者来购买产品的时候，品牌往往对消费者产生很大的影响，因此他们更倾向于已知的、具有好感的产品，而不是那些没有任何名气、不为人知的产品。所以，在企业自媒体营销之中，自媒体人首先要做好品牌的提升工作，提升企业的品牌知名度，让产品得到更好的营销。

2.功效优先的产品营销策略

自媒体时代，越来越多消费者的关注点不再放在那些华而不实的包装或者高昂的价格上，而是开始关注产品的具体优势和功效，这也就对产品的营销提出了更为具体的要求。消费者的关注点和需求是企业营销的重点所在，只有自媒体人不断将自己的营销和产品的功效结合起来，做好产品营销策略的分析，才能更好地使企业的自媒体营销达到最佳的效果。

Flyknit鞋面的舒适贴合＋Lunarlon气垫的柔软缓震
穿上就觉得特别带感
而且，这是第一次——Flyknit也防水了
防泼水中帮鞋面，保持脚部干爽舒适
精准切割的Lunarlon中底，脚步流畅自然
全新底纹设计有效提升抓地力，湿滑地面也没在怕的
雨天不必畏手畏脚
你的征程从此不信极限

用户在挑选运动鞋的时候，关注点必然是在耐用程度、美观、防水功能性等方面。这类企业的自媒体人就可以从鞋的具体功能入手，来做好产品的营销工作。以上案例是耐克官方微信订阅号关于最新一款产品的一部分介绍。从这个介绍中，可以明显看出，这款鞋的功能得到了凸显，这也是如今产品营销最吸引用户目光的关键点。在产品进行自媒体营销之中，自媒体人务必重视产品功能的介绍。

3.个性化推荐产品的营销策略

在产品的营销之中，自媒体人要学会根据产品的特色对消费者进行个性化的推荐。互联网时代的到来，也代表着信息爆炸时代的到来，如果自媒体人不能根据产品的特色，准确地把握消费群体，进行个性化的推荐与宣传，营销信息很可能就淹没在信息的浪潮之中，得不到大家的关注。在自媒体时代，自媒体人在营销的过程中要抓住用户的目光，获得用户的关注，才能让营销最终变现。

右图（见图3-1）是微信公众号“一条”发布的内容。可以看出，这些个性化的产品推荐信息充分利用了用户的心理、需求、痛点来向用户进行推荐，达到了个性化产品营销推荐的作用，也带来了较高的点击量和营销效果。比如，《戴上这片雪花的你，好美》，很多人第一眼看到这个标题就会产生强烈的好奇心，究竟是什么样的雪花可以戴，还很美呢？类似的个性化信息推荐，往往能够在第一时间让用户点击进去，最终使用户产生购买的欲望，达到营销的目的。

图3-1 微信公众号“一条”发布的内容

4.饥饿营销的产品营销策略

在自媒体时代，饥饿营销已经成为产品营销中强有力的方法。使用饥饿营销最为成功的品牌就是苹果。它的产品也一直受到无数成功人士的追求，并且得到了广泛的好评。小米公司以高配置低价格受到了很多人的关注，其本身的特点就是一个极大的卖点，再加上饥饿营销运用到了极致，也使得小米产品获得了极大的成功。

饥饿营销的运用是自媒体营销时代下，产品营销策略中必须要加以重视的。自媒体人可以通过引起用户关注、建立消费者的需求、建立期望值、设立得到产品所需要的条件，做好产品的饥饿营销。

在分析产品的营销策略时，自媒体人可以通过以上四个方面来做好和找准企业产品的自媒体领域，做好企业自媒体营销的定位。当然，自媒体人应该谨记，无论是在线上还是线下，无论是在哪种平台之上，对企业自媒体营销的定位都应该保持一致性和整体性，体现出企业的整体意志和意识，只有这样，才能让营销更加深入人心。

数据分析：大数据时代的精准自媒体营销

最近几年是自媒体井喷式发展的时间段，在这几年中，大多数的企业已经投身于自媒体中，开始通过挖掘自媒体营销的价值，去赢得用户、树立品牌。而在这个自媒体时代，企业要想做好自媒体营销，首先要用左脑去思考。因为左脑更关心数据，更重视逻辑，而右脑是感性的，用右脑来做决策具有盲目性。在企业自媒体营销中建议自媒体人用左脑思考，也就是说企业做好自媒体的前提就是“数据分析”，通过大数据做好精准投放。

自从人类进入移动互联网时代以来，数据也开始进入了人们的生活中，给各行各业带来了革命性的变化，也带来了无数的挑战和机遇。在企业自媒体运营决策的过程中，一定要建立在数据分析的基础上，只有这样才能找到营销的突破口。数据资源已经成为企业的核心、无形的资产，数据分析能力更是已经成为企业创新发展的重要推动力。对企业而言，自媒体不是媒体，数据也已经不再是单纯的数据，它们是互联网时代企业的营销工具，也是企业得以更好发展的关键所在。

范先生经常在居住小区周围的一个连锁快餐店吃饭或者点外卖。有一次，他看到自己的公司周围正好也开了这个连锁店，于是就打电话过去准备点个外卖，结果电话接通之后，服务人员直接说：“范先生，欢迎再次光临×××店，您还是需要××套餐加上一杯咖啡吗？”范先生惊呆了，为什么这个店员能够知道自己要点的餐呢？原来这个快餐店的所有订单数据都是可以保存的，以往范先生经常在这家店吃饭，所以他的手机号码已经自动被系统保存下来了，当他再次订餐的时候，店员就可以准确地报出他经常吃的东西，并进行套餐的推送和营销。

其实在如今的互联网时代，类似的事情非常多。对于企业的自媒体营销来说，营销数据的分析是重中之重。企业要根据以往的数据分析，做好用户的精确分析和定位，进而确定企业的自媒体营销定位，进行精准化的推送。这样，才能让营销效果最大化。企业在自媒体营销中一定要重视企业数据的应用和分析。

自媒体的数据，除了企业本身就拥有的之外，企业还能很方便地获取产品的市场数据以及企业品牌本身的数据。比如，自媒体人可以通过微博中的搜索引擎，根据用户的讨论数量去估计竞争对手产品的市场规模，甚至挖掘到一定的成交数据，进而与自身的品牌和产品形成对比，然后不断完善自己产品的美誉度、知名度，进而找到企业的潜在消费群体，进行精准化的推送营销。那么，如何更好地做好营销数据的分析，帮助企业确定自媒体营销的定位呢？

一方面，企业在做自媒体营销之前可以根据企业以往的营销数据进行详细的总结、划分和分析，不断找出企业最受欢迎的产品，确定企业的受众一般都是哪些消费群体，明确企业的营销对象。自媒体人也可以通过对以往客户的购买数据分析，确定他们的购买需求和痛点在哪里，进而针对老客户，通过短信、邮件等方式做出精准化的营销，抓住他们的兴趣点，让他们产生购买的欲望和行为。

另一方面，企业在做自媒体营销的时候，要学会对同行业其他企业的数据进行分析。在移动互联网技术飞速发展的今天，企业要想获取竞争对手的产品购买信息并不是很难。对于用户的需求和痛点的数据也较为容易得到，关键就在于企业是否能够注重对同行业的其他企业的数据进行收集、分析。另外，企业可以通过微博的点击量和讨论话题来确定用户的喜好，进而有针对性地进行营销，从而让营销效果最大化。

要想做好大数据时代的精准自媒体营销，需要企业的自媒体人根据已有的数据来进行精准化营销，进而发现更多新的数据。企业要做的就是提供更有价值、丰富的数据源参考。大数据所带来的商业价值也改变了整个互联网格局。企业以大数据为核心进行营销更加科学，自媒体精准营销价值将继续深化，可以最大限度提高企业的效益和价值。

用户精准分析：精准划分用户群，让用户拥有归属感

在不少企业运营自媒体的时候，都会产生这样的困惑：我的用户是谁？这是企业自媒体营销之中一定会面临和需要解决的问题。对于企业的自媒体运营来说，用户才是营销的真正核心。要为企业制订整套精准营销方案，就必须了解用户的属性、地域分布、兴趣定向、触网行为等，通过这些内容就可以创建精准的用户画像。这个过程需要自媒体人通过多元化的数据分析，清晰地描述每个用户浏览内容的习惯、关注的领域、身份特征等方面，认真做好用户的精准分析工作。

马靖昊，作为玩转会计界的“大V”，他的自媒体在会计界非常有名气。作为著名财会专家、注册会计师的他本身就是一个名人。他曾经出版了《玩的就是考试》一书，该书成为会计考试必选的辅导教材。他还创立了“思维导题法”，被人称为“应试智力游戏的魔术师”。

作为这样一个资深的会计学专家，在自媒体发展得如火如荼的时候，马靖昊也开始玩起了自己的特长领域——财会的自媒体营销。他在很早的时候就开通了自己的个人微博，名叫“马靖昊说会计”。2019年，他已经拥有了150多万粉丝。他语言幽默，讲解内容时深入浅出，独特的授课方式更是受到了众多粉丝的追捧。他也开通了个人微信公众号，平台粉丝达到了几十万，粉丝数量在会计行业已经算是数一数二了。马靖昊的自媒体

之所以能够取得如此好的效果，一是，因为他本身就具有较强的影响力；二是，因为马靖昊面向的用户只有一种——会计或者对财会感兴趣的人群，也只有这样的人群，才能成全他的自媒体。

正所谓“物以类聚，人以群分”。对于企业自媒体来说，要想达到营销的目的，就需要吸引企业的用户。如何在众多的消费群体中定位企业的用户群，如何在网络中发现用户的分布区域，然后进入用户的兴趣区域，找到企业用户群呢？自媒体人要做好用户的精准分析，不断将他们凝聚为企业的品牌族群，做好企业自媒体营销的定位。

1.根据企业和用户特点明确企业的用户群

对企业来说，只有明确自己的用户群，才能在营销中避免乱抓一把，不在糊涂中摸索前进。明确自己的目标群就是要明确企业的自媒体要影响谁，了解到用户是谁，是什么样的用户，应该用什么样的营销方式去走进他们的心，影响他们，把用户带到企业的平台上，让他们成为企业产品的追随者。对于企业营销来说，需要自媒体人对用户进行一个详细的分析，精准地划分用户圈，让用户拥有归属感。

要想达到这个目的，需要自媒体人去了解用户的兴趣爱好、性格特征、需求特点等内容。这样企业在自媒体营销的时候，就能够更有针对性地进行内容运营，知道以什么样的方式把用户吸引进来。当然，除了这些，企业自媒体人还需要了解用户的活跃区域，确定用户在哪些平台上，进而更精准地划分用户群，有针对性地进行营销。

2.找出有价值、有效的企业用户，建立归属感

自媒体的发展环境越来越好，很多企业的自媒体都能够吸引大批的用户，知名度好，用户也很活跃。唯一的遗憾就是用户的价值并不高，因为他们仅仅是单纯地阅读内容而已，并没有产生购买的欲望。这些用户往往就成为了企业的潜在客户，很可能也是无效客户。企业的自媒体运营者必

须要精准地定位出对企业非常有价值的用户，有针对性地按照他们的需求，提供个性化的订制服务。

要想找出有价值的用户，做好用户的精准划分，就需要从用户的年龄、职业、文化背景、受教育程度、阅读习性等方面进行细分。分析他们的喜好特点、价值观和需求，进而思考什么样的平台和话题能够吸引他们，他们又最希望了解什么样的内容。了解读者，了解他们的喜好，把握用户的脉搏，在内容中嵌入用户需求，引起他们的兴趣，唤起他们的热情，为他们订制内容，增强用户的归属感。

用户的精准分析对企业的自媒体营销很重要。可以说，没有用户，企业的自媒体营销是没有任何意义的。而没有对用户的精准分析，企业的自媒体很难达到预期的营销效果，也无法做好企业的自媒体营销定位。自媒体人务必做好用户群的精准划分，不断通过自媒体让用户拥有对企业的归属感，进而达到营销的目的。

费用预算：为你的自媒体营销算一笔财务账

企业自媒体营销除了要做好产品、数据、用户的分析之外，还需要为自媒体营销的费用做出预算。在自媒体营销时代，自媒体营销之所以受到企业的重视，主要原因就是其相比传统的营销方式（比如明星代言、报纸广告等），能够节约营销成本。企业在做自媒体营销的时候，应该对自己投入的费用算一笔财务账，将企业自媒体营销的方方面面都考虑到。

一般来说，企业的自媒体营销代表着一个品牌、一个团队、一个企业。这就限定了企业的自媒体在营销成本支出这方面不能吝啬，要本着对企业负责、对用户负责的态度做出预算。企业要谨记在这些自媒体平台上做的活动、承诺都要在之后一一实现，否则就会严重影响企业形象。要做好企业自媒体营销的费用预算，自媒体人可以从以下四个方面入手：

1.自媒体营销平台的选择

说到自媒体营销，很多人第一个想到的就是自媒体平台。常见的自媒体平台可以分为两大类：一类是公共平台，包括QQ、微信（朋友圈和公众号）、微博、博客、易信和来往等；还有一类就是自建平台，包括企业官网、App、门户自媒体、视频平台等。除了这些，还有今日头条、搜狐公众平台、腾讯公众平台、知乎、豆瓣等一些用户经常活跃的自媒体平台。在这些自媒体平台上，企业进行自媒体营销的费用是不同的。一般来说它们都是免费的，但是个别有一些特殊情况，企业应该考虑到，并做出详细的规划。

比如，企业想在微信公众号上以企业的名义进行自媒体营销，就需要按照公众号上的要求进行注册。这时，就需要以企业的名义进行认证，认证费每年300元，这个是自媒体营销的微小成本支出。企业在进行自媒体营销之前务必了解各个自媒体平台的注册流程，进而准确地算出自媒体营销成本。

2.自媒体营销活动的推行

在自媒体平台上进行营销，企业不可避免地需要推出一些优惠活动。这个时候，就需要自媒体人预测出活动的营销成本，在不改变利润的情况下，通过各种各样新奇的方式来吸引用户购买，并且要提前做出计划。自媒体人还可以利用用户的危机心理，对于特定的产品限定购买的名额，进而激发消费者的购买行为，达到好的营销效果。在这个活动推行上，自媒体人务必针对用户进行精准化营销，只有这样，才能让活动营销达到最佳的效果。

3.自媒体营销粉丝回馈

在企业进行自媒体营销的过程中，要注重对粉丝的回馈。在如今这个时代，粉丝已经成为拥有强大影响力的关键因素。在企业进行自媒体营销的过程中，不能一味地要求粉丝购买自己的产品，要学会做出相应的回馈。比如，华为技术有限公司高级副总裁余承东做出的粉丝回馈行动。要做好企业自媒体营销的费用预算，自媒体人也要考虑到粉丝回馈上的费用支出。

4.自媒体营销的团队成本

在每一个强大的企业自媒体营销团队背后，都需要很多自媒体人默默付出，这样才能做好这项工作。但是很多企业一味地追求人多，并没有关注自媒体营销团队的整体素质。企业要注重对人才的引进，尤其是要留住优秀的自媒体人，切不可因为吝惜费用，随意组成一个不专业的自媒体营销团队，那样最终只会带来更多的麻烦。在进行自媒体营销费用预算的时候，企业务必做好这一项开支的计划，切不可因为“价格”而忽视“质量”。要知道，只有优秀、强大的自媒体人才能帮助企业更好地在自媒体时代脱颖而出。

总之，企业的自媒体营销定位需要建立在合理的开支之上。企业可以为自己的自媒体营销算一笔财务账，从以上四个方面出发，做好企业自媒体营销的费用预算。营销已经进入了自媒体传播时代，在这个大的趋势之下，企业只有做好自媒体营销的定位，依靠自媒体平台和工具来做好营销，才能在竞争激烈的市场中占据一席之地。

第四章

做好企业自媒体营销的八大操作路径

自媒体平台越来越多，与自媒体相关的工具也日趋完善，由智能设备、网络、手机、移动媒体等构成的媒体新格局正逐渐形成。自媒体时代下，各种传播方式相互影响和渗透，自媒体的营销手段已经成为当今社会各个媒体人必须掌握的一种生存方式。做好企业自媒体营销的八大操作路径，是每个企业自媒体都应该注意的事项。

做好自媒体布局

在如今这个互联网时代，自媒体受到越来越多企业的重视，众多的自媒体平台也如雨后春笋般冒了出来。尤其是众多免费的自媒体平台，更是让企业在进行自媒体营销的时候，容易迷失方向。但是，企业要意识到，运营一个自媒体账号是需要花费大量人力和财力的。企业在进行自媒体营销时，首先要做好自媒体的布局，然后才能全面开启自媒体模式，实现自媒体营销。而要想达到这个目的，就需要企业从以下四个方面入手来做：

1.专注：选准自媒体平台，用心运营

企业进行自媒体营销之前，需要根据企业的资金状况和人力情况，选准一两个自媒体平台，集中精力来运营好这一两个重点的自媒体平台。其实，很多企业认为，自媒体营销就是扩大用户群体。那么，在所有的自媒体平台上都注册企业的账号，岂不是能够让更多的用户了解到自己的企业吗?

但是，每一个企业的人力和自媒体运营成本都是有限的，尤其是对那些资金有限的企业来说，一般无法将所有的自媒体平台都运营好。在进行企业自媒体营销布局的时候，企业要先选准自媒体平台，可以根据企业的产品和企业用户的爱好来选择。选好平台之后，用心、专注地经营，才能让自媒体营销达到预期的效果。

2.定位：做好企业自媒体的品牌定位

在企业进行自媒体布局的过程中，企业务必做好自媒体的定位工作，也就是品牌定位。在商业社会，品牌意识已经深深地植入到用户的脑海中。自媒体作为企业营销的新兴平台，它的定位对于企业品牌的发展至关重要。要做好企业自媒体的品牌定位，企业应该去细分市场，明确自己的目标客户群，并且选择一个和企业内容相关，容易被用户接受的自媒体品牌名称，让品牌成为企业的标志，进而更好地做好自媒体的布局。

3.受众：锁定你的目标群体和粉丝群

用户是企业进行自媒体营销的核心。对于企业来说，锁定目标群体，找到企业的目标粉丝，才能做好营销的工作。所以，企业在进行自媒体布局的时候，要明确自己的目标客户，找到目标群体的痛点，细分市场，不断用活动、服务来积累粉丝，然后加强与粉丝之间的互动，让自己的自媒体品牌对粉丝产生吸引力，最终做好企业的自媒体布局工作。

4.团队：建立企业的自媒体团队

对于企业的自媒体营销来说，建立一个专业的自媒体团队是企业得以发展得更好的关键。只有用团队的智慧打造一个强势的自媒体，才能组建出一个好的自媒体团队。在企业自媒体营销的过程中，需要优秀的专业负责人、文案编辑、美工、IT支持者，共同打造一个优质的自媒体团队。

对于企业的自媒体营销来说，自媒体布局是最为关键的一步，这也就是常说的自媒体营销总计划。企业只有做到以上四个方面，才能做好企业的自媒体布局，在实际的营销工作中以更加全面、发展的眼光来做好企业的自媒体营销，让企业的产品和服务得到广大用户的认可。

制订最适合的自媒体传播方案

在互联网时代，再好的自媒体内容如果接触不到用户，也无法发挥自媒体内容的能量，不能为企业创造相应的营销价值。企业在运营自媒体的时候必须做到差异化，要结合企业内部的产品和服务，找到传播渠道，找准传播方式，将内容输送给企业的用户，让更多的人了解到企业的自媒体，让企业的能力得到充分的释放。企业要想达到这个目的，就要制订出最适合的自媒体传播方案，需要做到以下几点：

1.选准发布平台，做好内容分享

企业自媒体营销者在整理好企业营销的内容之后，首先就要选择一个用户活跃度比较高的平台，将内容分享出去。自媒体人可以对企业的用户群进行分析，分析他们主要在哪些平台活动，分布在哪些区域和板块。这样，自媒体人就可以针对企业用户的偏好来选准自媒体的发布平台。比如，你的用户是文艺爱好者，自媒体人就可以去知乎、豆瓣等社区和他们交流，做好企业自媒体的传播工作。

在平台的选择上，自媒体人不能局限于单一的内容发布平台。自媒体人可以选择一些本身就聚集着大量用户的平台，作为企业主要的自媒体营销阵地。同时，还要选择一些其他的平台来辅助，多管齐下地进行自媒体传播。因此，自媒体人要想制订出最适合的自媒体传播方案，就要选准自媒体平台和做好内容分享的工作。

2.线上线下传播活动双管齐下，互相配合

企业的自媒体要想得到更好的传播效果，就要做到线上线上双管齐下，让用户活跃起来，自媒体的营销效果就会更好。企业在自媒体营销中常用的方式就是线上参与，但是这种方式毕竟与用户隔着一道屏幕，不能让自媒体人深入地接触到用户，了解用户的痛点和需求，走进用户的情感区域。这就需要企业在自媒体营销的过程中，还要注重线下与用户的面对面交流，拉近企业和用户之间的距离，让两者之间的互动变得更加真实、透明。

锤子科技发布了千元机新品——坚果手机，通过一系列的线上自媒体传播，以及举办手机发布会，正式发起了“漂亮得不像实力派”的营销活动。相较于产品推广的线上传播，网友们更愿意参与一场有情怀的线下传播。老罗在直播现场亲自讲述这个活动的初衷和参与细节，这让现场和屏幕前数以百万计的观众都对这个活动了然于胸。随后便成功地引发了UGC传播，即无数网友和品牌自发地创造内容，并二次传播，将这场活动推向了高潮。老罗将线上的传播和线下的传播结合起来，让用户真正了解到他的产品。

对于企业的自媒体传播来说，自媒体人要制订出线上和线下两种传播方法，通过一些趣味性的活动、交流会等，不断将企业的目标群体聚集、团结起来。这样就能形成一个有个性的圈子，进而产生传播的团队，最终让企业在自媒体时代形成一个好的口碑。

3.重视内容传播的流动性，将内容传播下去

企业自媒体营销的核心之一就是它所传播的内容，这个内容可以是企业的产品，也可以是企业的服务。要想更好地用这些内容掀起用户心中的波澜，让这些内容更好地达到营销的目的，就需要在自媒体平台上不断吊

起用户的胃口，唤起他们的好奇心，将用户吸引过来，并让内容进入用户的视野中，进入用户的心里，才能让企业的名声扩展到更大的范围。

唤起用户关注的方法很多，自媒体人可以通过制造有趣的话题，唤起用户的好奇心，不断将用户吸引过来，引导用户积极、主动地参与其中，让用户积极讨论，或者发起活动，让用户感到参与的快乐。只有触动用户，勾起他们参与的欲望，才能让内容在用户群中扩散，进而传播到更大的范围，达到企业自媒体传播的目的。

企业自媒体传播的方式有很多，企业要制订出最适合的方法，就必须重视自媒体的内容和它所面向的用户。自媒体人在制订最合适的自媒体传播方案时务必做到以上三点。只有具备好的营销内容，找准企业的目标用户，才能在自媒体营销中达到预期的效果。

树立有情怀的企业形象

对于企业营销来说，企业的形象是助力自媒体人做好营销的关键。当然，这里的企业形象是正面、积极的形象。早在海尔发展的初期，总裁张瑞敏销毁问题冰箱的举动，就为海尔树立了良好的企业形象。在自媒体时代下，企业要想做好自媒体营销，就必须重视情怀的力量，树立起一个有情怀的企业形象。让用户对企业有良好的印象，最终才能实现营销的目的。那么，如何树立一个有情怀的企业形象呢？企业应该从以下四个方面着手来做：

1.使粉丝群体认同企业情怀

简单来说，企业情怀是获取群体认知的重要手段，也是群体所有的情绪感受。企业建立了情怀，就使得群体的认同感大幅增强。企业要做好自媒体营销，还要抓住粉丝群体的情怀。从用户的需求出发，从用户的爱好着手，跟随用户的追求，适应用户的口味，努力接近用户，进而满足用户的情怀。这样，才能在用户心中树立起有情怀的企业形象。

2.让品牌和故事结伴传播

用户对故事一般都有格外偏爱的情绪。故事作为传播声誉的有效工具，的确是口碑传播中情感营销的有力武器。这就类似于事件营销，为产品赋予一个有着深厚底蕴的企业文化故事。让用户产生更好的感受，才能在用户面前树立有情怀的企业形象，做好企业的营销工作。

3.提供快捷周到的服务

美国信息存储资讯科技公司EMC认为，一旦顾客相信企业，企业就必须尽力保有这份信任。要想得到用户的信任，就必须提供快捷周到的服务，让消费者满意。这样消费者才愿意为你宣传，产生一传十、十传百的作用，令品牌产生悠久而又永恒的魅力。值得注意的是，要想树立有情怀的企业形象，就必须将各项基础工作做得非常细致、到位，并持之以恒。只有产品和服务水平超过顾客的期望，才能得到他们的推崇和宣传。而领先于竞争对手或别出心裁的服务和举措，更会让消费者一边快乐地享受，一边绘声绘色地传播。

4.营造接地气、有格局的企业形象

在企业的发展之中，应该始终坚持与社会的发展、人们的生活同步。企业要深入接触用户，与广大用户打成一片，从用户现实的生活场景出发，来引发用户的共鸣。只有将目光放得更为长远，真正考虑到用户的实际情况，有着顾全大局的目光，才能取得更好的营销效果，树立起有情怀的企业形象。

在如今自媒体和商业结合的时代，很多时候，自媒体平台并不能为企业树立有情怀的企业形象，反而会让这些企业被强烈的商业化气息所包裹。企业就要对这个问题加以重视，不断将一些有情怀的东西融入到企业的营销之中，为企业树立有情怀的企业形象，让企业的自媒体营销深入人心。

好产品也要会讲故事

在企业的营销之中，产品是进行营销的关键内容，而产品的故事则可能是企业的文化内涵，也可能是企业领导人的个人经历，同样也可能是这个产品所代表的含义。一个好产品还需要有故事，才能更加确切地表达出企业的品质和精神，也才能让粉丝对企业形成更好的认知。在企业的自媒体营销中，自媒体人要认识到好产品也要会讲故事。

在当今社会，越来越多的产品被赋予了深刻的故事，成为粉丝了解其详细内容的关键所在。聚美优品陈欧的“我为自己代言”的故事，让大家知道了聚美优品，并且有了一个故事化的印象和关注点。当企业在进行自媒体营销的时候，要做出好产品，还要会讲故事。只有这样，才能给众多用户留下深刻的印象。那么，如何通过讲好产品的故事，做好企业的自媒体营销呢?

1.产品的故事要表达出积极、正面的内容

在企业的营销中，有故事的产品总是能够赢得用户的关注，但这并不代表随意给产品、品牌加上一个故事就可以获得用户的好感。事实上，吸引用户的故事应该符合一定的条件。首先，故事必须与产品有联系，可以让人们通过它联想到产品，进而形成条件反射；其次，产品的故事必须是积极、正面的，给用户一种健康向上的感觉。如果产品故事给用户带来的是负面、忧郁的情绪，那么故事很难引发用户的共鸣，甚至还会在传播的

过程中给产品带来负面的影响；最后，产品的故事应该符合常理、有价值。故事是建立在一定事实基础之上的，切不可天马行空，流于虚假。要构建出合理的产品故事，才能在更深的层次引发用户的共鸣。讲好产品的故事，有助于企业做好自媒体营销。

2.故事要从用户的内心出发

要让企业的产品有故事、有内涵，就要从用户的内心出发。一个故事再有内涵，如果没有欣赏它的人，没有用户的关注，也无法产生营销的作用。以用户或者粉丝真正喜欢的故事对产品进行包装，让这个故事符合他们的幻想和期待，才能让他们成为企业产品的忠实粉丝。产品的某一个点，能够吸引用户，表明这个产品正好符合他们内心的真正要求。然后从用户的内心出发，去讲好产品的故事，能让这个产品更容易得到用户的认可。因此，企业要想讲好故事，就要从用户的内心出发，用他们喜爱的故事去留住他们的心。

3.要为产品的故事赋予真爱的意义

在互联网时代，企业要牢记这一点：营销的内容不仅是企业的产品，更是产品背后所传达的企业理念和故事。对于企业来说，只有给好产品配上好故事，才能在实际的营销工作中，将故事中的理念传达给用户，让用户感同身受，进而更容易展开自媒体的营销工作。真爱往往能够打动人心，将真爱融入故事当中，是个非常好的选择。企业在进行自媒体营销的过程中，可以给产品赋予真爱的意义。用真爱讲故事，用故事做营销，不但能够赢得用户的心，还能让企业的品牌拥有一个良好的口碑。

总而言之，在企业做自媒体营销的过程中，一定要做到以上三点。然后不断在实际的工作中，赋予产品积极、正面的故事意义。只有这样，才能在企业自媒体营销的过程中讲好产品的故事，让用户对产品和企业产生归属感，成为企业的潜在客户，达到营销的目的。

创作高匹配度的好内容

自媒体营销，顾名思义，就是利用互联网技术，通过互联网进行营销和宣传。在自媒体营销的过程中，企业要想得到更好的发展，应该去创作高匹配度的好内容。

在自媒体营销之中，手段只是促进营销的一种方法，营销的核心任务还是提供信息，让用户了解到营销的信息，从而达到促进销售的目的。自媒体人只有让企业在自媒体营销中顺应时代的潮流，才能做好企业的自媒体营销。一定要将内容作为营销的核心，而不是过分追求方法的独特，否则无异于缘木求鱼。

张倩在一家以美食旅游为主的公司担任运营经理，她平时也比较喜欢美食旅游，经常在QQ美食群与网友互动。她一边和网友交流经验，一边给网友推荐特色的菜品。这对她美食方面的工作大有帮助，这种方式持续到她用企业的名义开通了微博。

微博刚开通的时候，她并没有太重视这件事。她只是很随意地在微博上发布与美食有关的内容，觉得只要大家高兴就好。在不到两个星期的时间，她的粉丝就涨到了两万。她大致浏览了一下，发现粉丝们大多数是美食爱好者。这个时候，她意识到自己不能再像以前那样随意发布内容了，如果哪天自己说的不对，两万多人都会看到。假如信息再经过转发，不知道还会有多少人看到。如果她说错了话，不但会影响到自己，而且会影响公司在业界的公信力。

张倩想到了这些问题以后，就成立了自媒体团队，专心运营企业的微博，不再像当初在美食QQ群一样随意发表意见了。每次在微博上推荐一家店或者菜肴时，她都会认真审查，在条件允许的情况下，她还会亲自前去品尝，以保证自己微博内容的真实性和可靠性。有了正确的态度，张倩微博的公信力得到了巩固，粉丝数量不断攀升，很快就超过了30万。在她的粉丝当中，不乏一些美食届的名人，她的公司也成为行业中的翘楚。

由以上案例可以看出，企业要想取得较强的公信力，就应该多发表高质量的内容。如果企业在自己的公众平台上随意发表内容，一旦出现错误，就会影响到企业的公信力，那样企业的粉丝自然也就会越来越少了。那么，如何创造出高匹配度的好内容呢？自媒体人应该从以下方面入手：

1.关注用户所关注的，具有敏感度

在自媒体运营中，敏感度高的人会紧紧跟随用户的关注点。跟着用户的兴趣点，提供他们希望关注的、想要了解的内容，才能更好地吸引用户的兴趣。要跟随用户的关注点进行营销，就必须做到善于提供用户想要关注的内容、敏于捕捉热点内容。通过提供用户关注的内容增加用户黏性，同时抓取一些有价值的内容提供给他们，作为赢得用户的制胜法宝，也是创作高匹配度的好内容的关键。

2.有价值的内容才值得阅读

想要让用户关注你，那就必须让自媒体的内容有价值。为用户提供价值，才能让用户感到你是值得被关注的。对于用户来说，你的内容要为他们提供好的想法和经验，为他们提供启发和指导，能够使他们获得新技能、增加新知识、扩展新视野，甚至能够在心理和精神上激励他们。企业必须利用自身所在领域的长处，为用户提供他们所需要的，而且是在其他平台上不容易获得的具有自身特色的内容。

3.具有新鲜感的文章

在自媒体时代，人们期待的是从自媒体上看到不一样的新东西，获得新内容和新鲜感。你不能让用户感觉到无趣。做自媒体营销，内容就要做出新鲜感来吸引用户的兴趣，使他们主动打开你的内容，关注你。自媒体内容拥有了新鲜度，往往也就拥有了优势。内容的新鲜感关系到你是否为用户创造了一个可阅读的区域，也关系到用户能否在你的自媒体中找到一种阅读的趣味性和归属感。

4.做到简单而不乏味，规矩而不死板

能够吸引用户的自媒体内容，肯定是符合用户口味的内容。好内容是吸引用户的开始，要进一步让用户活跃起来，还需要在自媒体内容中有技巧地添加一些给用户带来利益的内容。将产品以优惠的方式隐藏在自媒体平台上进行营销。要想创作高匹配度的好内容，就要在做内容时做到简单而不乏味，规矩而不死板。还要学会适当进行利益推动，用利益调动用户的胃口，让用户活跃起来，引导他们在自媒体上进行互动，为企业自媒体创造利益。

5.高匹配度就是提供原创的内容

做自媒体等于做品牌，必须有原创性的内容，以体现自己的风格，要想留住用户，原创性的内容相当重要。自媒体做内容，就是通过为用户提供内容服务，用好的内容来吸引更多的用户关注。用内容增加用户的黏性，把他们长期留在自己的平台上，从而为自己创造更大的商业价值。坚持原创，但是也要放开眼界，不能闭门造车，学会整合外部信息，才能增加平台的吸引力。

在海量内容的优势下，自媒体也有一些不足之处。在信息爆炸的时代，其供应速度已经远远超过人们所能接受的范围，用户要耗费大量的时间和精力去进行筛选和解读。这就导致在自媒体营销时，互联网内容同质

化现象严重、内容可读性不强，这种现状与受众信息个性化的需求产生矛盾。因此，要坚持以原创的内容服务受众，在自媒体营销时，真正为受众利益考虑，继而为企业创造出利润。

自媒体营销要始终坚持创作高匹配度的好内容，大力推进自媒体内容形式的多样化和进行传播手段的创新，丰富各种体裁、风格流派和表现手法，使文化产品更具吸引力、感染力和号召力。还要积极扶持原创作品，着力打造一批代表企业形象、具有特色的文化品牌。只有这样，才能对企业和品牌的推广有更多帮助。

选好最佳推广渠道

企业要想做好自媒体，选择最佳的推广渠道是关键所在。对于自媒体营销来说，内容做好了，并不是就万事大吉了，还要选好推广渠道，做好内容的扩散，才能真正做好自媒体营销工作。

在营销已经和移动互联网融合起来的时代，用户已经对生硬的广告产生了抵触情绪。越来越多的企业和品牌开始将目光转向自媒体，将自媒体营销作为企业宣传和推广的一个重要方面。

在自媒体时代，企业免费的推广渠道有：朋友圈、公司各个社群，联合其他账号共同推广，在更多的自媒体平台上增加曝光，H5互动等。一些付费的推广渠道有：KOL推荐、自媒体平台精准投放、其他社群广告投放等。这些都是企业在进行自媒体营销的时候可以选择的推广渠道。企业要做好自媒体营销，可以了解以下自媒体的推广平台，选择出最佳的自媒体推广渠道。

1.微信营销

在微信营销中，一对一的互动交流方式是它最典型的特点，也是它具有良好互动性的原因。这种方式能够在精准推送信息的同时和用户形成一种朋友关系。基于微信的这种优势，借助微信平台开展客户服务营销也成为继微博之后的又一新兴营销渠道。

依托社交关系链互动传播，朋友圈从上线之日起，就一直受到用户的喜爱，也因此成为营销的重要平台。首批在朋友圈上线的广告主为宝马、可口可乐和vivo智能手机。广告刚刚推出就成为公众话题，引发了大量的吐槽和猜测。不少收到可口可乐广告的用户被调侃为“屌丝”，而收到宝马广告的用户则自称“土豪”。有些收到广告的用户会在自己的朋友圈里截图转发，在无意中形成了品牌广告的二次传播。

微信营销的传播深度和互动性都非常好，很适合做营销。利用好微信，你的营销将会更有深度。

2.微博营销

大多数人对微博并不陌生，微博热搜很多时候都能引起人们的注意。在自媒体营销之中，微博作为一个重要的社交平台软件发挥了巨大的作用。越来越多的企业将微博营销列入企业营销的方式之中，例如戴尔、欧莱雅和东航等。微博上的内容有时候会像病毒一样迅速传播，对于品牌效应有极大的帮助，也能在企业营销中起到重要的作用。

其实微博营销并不难。微博就是利用140字的文字更新信息，并实现即时分享的平台。在微博这个平台上，企业通过每天更新内容跟大家交流，或者发起大家所感兴趣的话题，同时发布宣传企业新闻、产品、文化等相关信息，慢慢地形成一个固定的互动交流圈子，从而达到营销的目的。

微博的特性更适合品牌传播，作为一个自媒体平台，微博的传播速度和广度都很惊人。可以把微博想成是一个人在台上讲，下面有几万听众的演讲，这样你就可以把握在微博营销时的状态了。

3.论坛营销

在互联网不断发展的今天，论坛早已经是很多人生活中不可或缺的一部分，逛论坛也已经成为很多人的习惯。天涯论坛等知名论坛一直有很高的人气，也是一些网络文化的发源地。论坛营销就是利用论坛这个新型媒体进行一系列的营销活动，即企业借助论坛这个网络平台，通过文字、图片、视频、音频等发布企业产品和服务信息，建立自己的知名度和权威度，从而让目标客户了解企业的产品和服务，最终达到宣传企业品牌、加深市场认知度的营销目的。

4.搜索引擎营销

搜索引擎营销大致可以分为搜索引擎登录、搜索引擎优化（SEO）、关键词广告和竞价排名四种方式。这是如今最为普遍的一种营销方式，是全面有效的利用搜索引擎来进行网络营销和推广的营销方法。

搜索引擎营销作为自媒体营销的主要营销手段之一，拥有巨大的用户访问量。这种方式不仅使消费者在使用的时候能够快速有效地获取信息，帮助他们轻松了解所需信息，还能让企业及时而准确地向潜在客户群传递自己的产品与服务信息，从而挖掘出更多的潜在客户，帮助企业实现更高的转化率。

以上就是企业进行自媒体营销的主要手段。在企业和品牌的营销之中，要想达到较好的营销效果，就必须了解这些主要手段，树立企业品牌形象，促进企业产品营销。也只有这样，才能让企业在营销中达到更好的效果。

学会玩转社群营销

英国著名人类学家彼得·沃斯利曾从广义上对社群定义：社群既可以表示一种地理上的社区，也可以表示一种社会关系。社群通常指的是以某种特殊关系联结起来的集体，成为社会中重要的一部分。简单来说，在自媒体时代，社群就是将有共同的兴趣、情感、价值或利益的人群，围绕某个具体的话题或品牌，通过网络平台聚集在一起。它具有高聚合度、高互动性等特点。企业要想拥有更好的营销效果，就应该玩转社群营销，这样才能带动更多的人来关注，从而达到营销的目的。

肖异在德国留学时创办了穷游欧洲论坛。这个论坛是为华人留学生提供自助游的互助交流平台，受到了广泛关注。两年后，论坛加入了其他各洲的旅游分享板块，并更名为“穷游”。肖异回到国内后，开始进行穷游网的商业化运作。经过多年的发展，“穷游”已经成为国内数一数二的出境游社区平台，拥有超过4000万的社区用户、3000万的移动App用户，并成功实现了多渠道的产品和服务业务扩展。

总体来看，“穷游”的发展经历了四个阶段：基于优质内容的用户沉淀、结构化产品、移动社区构建和社群运营。虽然在各个发展阶段，“穷游”采取了不同的产品战略，但其成功发展的背后，我们看到的是企业对互联网人本回归的思考，特别是对移动互联网时代社群价值的精准把握和挖掘。

穷游社区位于在线旅游整体价值链的上游部分，主要对用户的出游决策产生影响。借助结构化的核心产品和相关服务，“穷游”能够在很大程度上影响到用户对旅游目的地和出游方式的选择。虽然穷游社区的用户规模不大，但黏性却很高，基本上每个社群成员都可以转化为“穷游”产品的用户。

“穷游”的成功和持续成长，主要是因为它通过优质的内容实现了用户沉淀，又能够积极适应移动时代的社群商业新形态，围绕核心价值，对社区进行有效经营。它不断优化用户体验，挖掘出巨大的社群价值，玩转了社群营销。

其实在互联网技术日益发达的今天，任何用户都可以借助自媒体找到自己需要的内容和产品，也可以找到与自己兴趣相同或者有同样需求的人群。社群在自媒体营销中是吸引用户的一个重要手段，借助内容生产、多渠道传播等不同的方式，把有着同样需求和兴趣的人变成自己的用户，完成同性质人群的聚集与互动，也就形成了社群。如何玩转社群营销也成为了企业自媒体营销的关键。

1.用价值占据用户的碎片化时间

社群能够在自媒体营销时代中更好地吸引用户。在“互联网+”时代，人们的注意力不断被新事物更新的信息所分散，碎片化的场景选择对于信息传播来说越来越重要。只有做到分众传播，细化目标受众的场景需求，不断提供个性化、特色化的内容或产品，才能提高用户黏性，吸引更多用户。

在自媒体发展越来越好的今天，社群有着不可替代的作用。社群是一个具有高度的稳定性和互动性的用户群体，是自媒体营销吸引用户的一个重要手段。打造出一个属于自己的特色品牌，围绕品牌构建出互联网社群，并且通过各种途径获取社群经济效益，是提升用户黏性的重要方式，也是玩转社群营销的关键。

2.做好社群用户的“标签化”工作

社群营销并不是社群经济。企业要想通过社群来获得经济效益，实现自身的可持续成长，就需要采取适宜的营销策略，将社群用户“标签化”，从而达到增强成员的归属感和认同感的作用。将社群人员与其他人群明确地区分开来，使得社群成员拥有明确的社群身份意识，并且做到彼此之间高度认可，能够将企业的自媒体营销工作做得更好。

随着微博、微信等自媒体平台的快速发展和普及，信息的传播方式产生了改变，也为社群的存在提供了便利的条件。社群营销已经成为如今自媒体中必不可少的一种营销手段。伴随着自媒体营销的不断发展，社群不断崛起，成为了新的商业形态。越来越多的企业和品牌开始借助自媒体的聚众传播和个性化传播的特点，搭建起网站社群，为以往缺乏表达渠道的人们提供了分享自我的平台，也吸引了大量的用户，让企业得以更好地营销和发展。

搞好活动策划，学会线下引流

在互联网飞速发展的今天，中国的网民数量也在不断上升。在企业的发展中，大多数的企业都会遇到一个问题：如何快速地提升企业的粉丝和企业的流量。但是对于企业的发展而言，如果盲目追求粉丝数量，会让企业陷入自媒体运营的怪圈，也不能很好地引流。只有精准地进行推荐，才能更好地找到企业的潜在客户。对企业的自媒体活动策划而言，自媒体运营的战场并不只是在线上，线下资源利用得好，也是增加粉丝和流量的一个重要途径。

互联网时代的到来，人们的衣食住行都离不开网络。尤其是以美团、饿了么、滴滴打车这些关于人们吃、行的平台出现之后，更是为人们的生活提供了极大的便利。这些平台现在已初具规模，但它们起初也是从线下的推广和引流一点点开始做起的。这些O2O模式的企业在早期都是通过线下发传单，让更多的人知道这个平台，然后拥有了自己的第一批用户。在扩大品牌之后，便积极地同线下的商家合作，让线下的商家为自己做推广，进而不断扩大这些企业的影响力，做好营销的工作。

这些O2O模式的企业都已经被大家所接受了。在早期的发展之中，滴滴打车也是通过线下的活动策划和引流来积累用户。尤其是在早期选择出租车公司和滴滴打车合作的时候，并没有出租车公司愿意尝试这种方法。

当时滴滴打车的负责人在绝望之际甚至表示：“如果推销完最后的189家出租车公司，还是没有一家愿意和我们合作的话，我们就放弃。”最终，滴滴打车来到一家只有200多辆出租车的公司，向100个司机进行了产品演示，说服8个司机安装了自己的客户端软件，开始了滴滴打车的第一步，也成为了滴滴打车引流的关键一步。

企业在进行自媒体营销时，线下也是非常重要的途径，进行线下推广可以直接接触用户，并且能够和用户进行更有效的沟通。在这个过程中，企业要保证这个产品和服务的品质，才能将第一批用户变成企业的粉丝，进而让这些粉丝发挥口碑传播的作用，为企业做出免费的产品推广。企业还要搞好活动策划，做好线下引流的工作，也就是做到以下三点：

1.依用户的意愿搞好活动策划

企业要想通过策划的活动来不断吸引用户，将其转化为自己的潜在客户，就需要策划出一个用户既喜欢，又愿意参加的活动。在企业做自媒体时，要激活粉丝的活跃度和参与度，而建立社群则是增强企业和粉丝线上交流的重要方法，也是做好引流的关键。在上文中我们也提到过，社群就是将一群有共同兴趣和爱好的人聚集在一起，而这也是搞好活动策划的关键。

2.线下巧用微信这个引流利器

在线下的引流中，很多企业或者微信公众号的运营者都会找到目标客户经常出没的地段，在路边支起小桌子，摆起礼品，打开易拉宝，易拉宝上面印有二维码，旁边写着只要扫码关注就送饮料或者礼品。这些工作人员看到有人路过就开始宣传，让路人过来扫码关注企业的微信号。通过关注送礼物的方式，企业可以吸引大批的用户，并且在这些用户中寻找企业的第一批粉丝，进而做好企业的线上自媒体营销。

3.举办公益活动引发社会各界人士的关注

在这个微博、微信随时可以营销的时代，企业要想得到更多的关注，可以举办一些大型的公益活动，引发用户的关注。在微博上制造热点话题，将线下和线上的引流结合起来，扩大企业的品牌影响力。粉丝的数量会随之增加，企业也就能够找到企业的潜在客户，做好自媒体营销。

对企业的自媒体营销来说，尤其是那些势单力薄的自媒体企业，不妨将眼睛从线上的自媒体营销稍微挪开，看看线下的用户。只要产品和服务能够为用户带来非凡的体验，触及到用户的痛点，自然就能够更好地做好引流的工作，达到营销的目的。

第五章

内容为王：自媒体营销要有好内容

在传统媒体所发布的内容中，大多数都要经过写作——编辑——审查这样的流程。如今大多数自媒体，在内容发布上却比较随意，这样不利于营销工作。企业或者个人要想运用自媒体做好营销和传播的工作，将自媒体做大做强，成为企业或者个人的一个招牌，就必须把好内容关。记住内容为王，用好内容来达到更好的营销效果。

掌握撰写好内容的写作形式

对企业自媒体来说，展示的方法有四大形式：文字、图片、音频和视频。文字作为主要的展示形式，对于营销效果起着决定性的作用。自媒体的内容是面向用户的，要用文字来说服用户，达到营销的最终目的，逻辑和感性的写作形式就显得很重要了。企业在做自媒体的时候，要根据企业的产品，用感性的方式去接近读者。文字不仅要富有人情味，还要语言自然流畅、有条理、有重点，这样才能让读者容易理解并掌握文章的内容。那么，如何让企业自媒体内容感性的同时又不失逻辑呢？

1.强调逻辑的同时，又不失感性

对于自媒体内容来说，逻辑是写作的关键。一篇文章如果没有逻辑，前后不连贯，条理不清晰，行文不流畅，就会让读者在阅读的时候感到混乱。如果不用感性的方式，就会让用户心烦。如果过于强调逻辑，但是内容却呆板生硬，也会让用户阅读起来感到特别无趣，自然也就无法让用户产生购买的欲望了。因此，自媒体内容要做到有逻辑的同时又不失感性。

2.根据内容的不同，让感性和逻辑分别有所侧重

企业自媒体营销的目的是为了将产品或者服务传送给用户，进行传播和营销。自媒体人要根据要叙述的内容来选择适合的撰写方式。如果内容需要具有一定的公信力，写作方式就不能过于感性，否则无法让用户信任。要以一种富有逻辑的方式来传达信息，进而获得用户的认可。比如，一家电脑公司要介绍最新款的电脑，就要逻辑清晰、简明扼要地告诉用户电脑的特点和功能，让用户了解最重要的信息，才能激发用户的购买欲。

在想要通过情感的表达来触动用户的时候，就要在文字叙述中用感性的语言让读者产生心理上的共鸣。让用户不知不觉融入到文字所营造的氛围中，在潜移默化中接受你要传达给他们的感觉。

3.自媒体内容的易读性要强，让用户更容易理解

对于自媒体的内容来说，无论是感性的写作形式，还是有逻辑的写作形式，在用文字表达内容的时候，都要遵循一条重要的原则，那就是让用户易于理解。在这个碎片化的阅读时代，无论企业所要表达内容中的观点多么深刻、多么具有启发性，如果不能让用户容易理解，而是以一种深奥的方式去叙述，用户的理解度就会大大降低。无论自媒体的内容多么艰涩，自媒体人都要以一种易于理解的方式来展示给用户，以一种深入浅出的方式说给用户听。

4.坚持内容编辑的原则，让内容更加有效

除了“感性+逻辑”的写作形式之外，企业在进行自媒体内容的撰写时，也要坚持以下五大原则：

（1）精简原则：如今人们的时间较为宝贵，内容必须要精简，才能够抓住用户的碎片化时间，增加用户的点击量。

（2）实效性原则：珍惜每天推送内容的机会，内容最好具有最新的信息、行情的最新动态和进展。

（3）个性原则：内容要新奇有趣，有自己的个性，否则很容易淹没在海量的信息中。

（4）精确原则：将每条信息发送到有需求的用户那里。

（5）回复原则：及时针对内容回复用户问题，并且语气要亲切，使用生活化的语言。

自媒体人做到以上几点，掌握撰写出好内容的写作形式，才能以内容为王，做好企业的自媒体营销。自媒体内容的写作形式可以多样化，但是在自媒体时代，内容才是王道。企业做自媒体，务必在内容上下功夫，只有内容到位，才能吸引用户的眼球。

好内容一定要有好标题

如今自媒体已经全面爆发，用户每天都会被大量的信息狂轰乱炸，产生了一定的视觉疲劳、心理疲劳，用户很多时候会忽略企业的营销内容。这时候，标题的重要性就不言而喻了。对于企业自媒体来说，要想让营销得到更多用户的关注，就需要从标题入手，让标题“性感”起来，提炼出内容的亮点。一篇好的内容如果没有好的标题，在很多时候，就会影响到内容的点击量，错失最佳的营销时机。

那么，如何撰写出一个好的标题，为好内容保驾护航呢？以下四点值得注意：

1.标题与热点、求知信息相关

标题作为影响用户阅读的一个重要因素，在很多时候，需要借势、蹭名气、蹭热度来吸引读者。那些备受关注的名人、社会热点是让读者有阅读文章的兴趣的关键。同时，文章的标题要能够联系当下的热点文化、事件和话题。比如，“马斯克点名要‘约’李彦宏？”“谷歌也犯职业病：越来越像另一家微软”等类似的标题。标题务必和文章的主题相联系，切不可生搬硬套和多用滥用，造成文不对题的结果，否则是很难产生好的营销效果的。

在构思标题的过程中，企业也可以根据产品的特点来满足用户的求知欲。可以把解决问题的秘诀融入子标题中，提供给用户看，帮助用户来解决问题，这样能让用户获得新知识、新技能，同时也能提高用户的关注度。比如，一家减肥公司用“如何快速减肥却又不伤害身体”做标题，电脑维修点的“手把手教你组装电脑的图文教程”，都能产生不错的营销效果。

2.标题可以选择量化的数字

在如今这个数据化的时代，很多用户在浏览信息的时候对数字都较为敏感。相比全是文字的标题，带有数字的标题更能吸引用户目光，具有更强的表现力。比如，“B2C购物网站用户体验方面的10个细节”“60秒让你知道明星款运动鞋哪家强”等。当然，对于文章的作者来说，用量化数字的标题也能够完整清晰地表达作者的意思，通过标题直接明了地将内容概括清楚，让用户快速理解内容。

3.用用户关注的关键词来做标题

在互联网时代，搜索引擎已经成为人们了解信息的一个重要渠道。企业要想让标题吸引用户，就要用针对性的标题。要总结目标用户群的特点，用点名式标题，指名道姓地喊出企业的潜在目标用户，选择与自己用户群相关，或者他们关心、关注的关键词放在标题之中。比如，“如何提高电话销售的效率？”“普通投资者如何玩转ETF期权？”。

使用“爆款”做标题则是特别能吸引用户注意的标题撰写方式。比如，“2019年热销爆款手机”“爆款服装低价促销”等标题，能一下子抓住人们的眼球。在使用“爆款”做标题的时候，能够让用户下意识去想象标题所述内容的重要性，感受到一种紧张感，进而去接受标题下的内容。当然，“爆款”的标题切不可多用，否则容易让人们丧失对“爆款”的兴趣。

4.幽默中带有赚钱、省钱话题的“有利”式标题

在现代社会中，人们的工作压力是非常大的，人们在浏览信息的时候，往往是想要放松心情，这就需要企业以幽默为话题来撰写标题。可以通过自嘲、卖萌的策略来让标题变得活泼起来，让人愿意去读。而在这个

过程中，如果再加上一些赚钱、省钱的意思，就更能迅速吸引众人的眼球了。比如，“老婆没工作月赚3万，我怀疑自己是不是成小男人了”“如何用互联网思维改造传统小吃店，让它变成聚宝盆”等标题。这些标题都能在揭示一定赚钱方法的同时，还不失幽默地进行自我调侃，或者选择一些有趣的字眼来吸引用户的关注。

总而言之，一篇优秀的文章，应该注意以上四个方面，才能撰写出一个好的标题，这样文章才容易在海量的信息中被挑选出来，进入用户的视线之中。当然，再好的标题也是需要为有创意、有价值的内容来服务的。企业务必重视内容在自媒体营销中的重要性，让好标题搭配好内容，达到最佳的营销效果。

新鲜、原创内容才是营销的王道

内容是影响营销结果的关键，但是，自媒体时代的信息繁多，如何让企业的营销内容在众多信息中成为用户关注的焦点，优先被用户选择呢？其实，在自媒体时代，人们期盼的是从自媒体上看到新鲜、原创的新东西，进而获得新内容和新鲜感。这也就要求企业在进行自媒体营销时，要注重内容的质量，把内容做出新鲜感，并且保证原创，这才是营销的王道。

很多时候，用户在网上浏览新闻，就是为了能够快速地捕捉到自己感兴趣的新鲜事，他们希望自己看到的、听到的都是最新的消息。昨天发生的事情在很多时候都已经不是用户关注的焦点了，他们更关心的是现在发生的事情和将来要发生的事情，这和自媒体内容的撰写有着异曲同工之妙。因此，自媒体人要学会根据最新的消息和新闻来进行原创内容的撰写，进而更好地完成营销任务。那么，如何撰写出新鲜、原创的内容来呢？企业要做好以下两个方面：

1.新鲜感：聚焦用户目光，让他们为文章点赞

顾漫是晋江原创网的驻站作家，她的代表作品有《何以笙箫默》《杉杉来吃》《微微一笑很倾城》等。她的不少作品都改编成了电视剧或电影，并受到人们的喜爱。顾漫有自己专属的论坛，算是一个资深的自媒体达人了。现在很多网络作家在写小说时更新速度特别快，以“快餐文”来迎合读者。顾漫却有着自己的风格，她不会盲目追求写作速度，而是用自

己新鲜、原创的内容，带给读者耳目一新的感受，赢得读者的爱。事实证明，她的这种做法是很有效的。

其实，用户在选择阅读自媒体内容时，往往是非常挑剔的。在他们的眼中，自媒体内容的新鲜度和内容的可看度有着密切的关系，只有那些有新意、有吸引力的内容才值得主动打开看。如果在运营微信公众号时，一味地随大流进行跟风创作，那么，肯定无法吸引大量用户的目光。

要想创作出有新鲜感的文章，一方面，自媒体内容要有趣味性和归属感。只有自媒体人让内容有了新鲜度，将阅读区域做得新鲜有趣，才能拥有阅读和营销优势，为读者创造一个乐于主动阅读的空间。这也关系到用户是否能够在自媒体内容中找到一种阅读的兴趣，进而提升营销效果。

另一方面，需要勤于思考，即使和别人做一样的内容的时候，也要做出有热点、有新意、有新鲜感的内容，否则就无法获得更多关注，标新立异也无从说起了。自媒体人要学会用不同的方式，去陈述自己的独特观点，给用户看到热点背后的另一种新鲜，为用户带来惊喜，让他们主动为文章点赞。

2.有原创：让你的内容更加有价值、与众不同

一说到原创，在很多人的眼里，就是独立完成的写作。但是在互联网时代，随着自媒体的不断发展，原创被赋予了两个新的含义，那就是要速度快，并且能够唤起用户的情感共鸣。假如出现了一个好的事件或者题材，第一个有价值的内容自然就会得到大家的广泛关注，而之后出现的内容，自然就不再新鲜了，用户对其的关注度也会大大降低。因此，注重高速度的原创内容已经成为如今企业做好自媒体营销的关键。

李子柒是网络短视频创作者，知名度很高的原创自媒体人。2016年，她开始创作短视频；2017年，她组建了自己的团队；2018年，她在海外发布短视频内容，并获得YouTube银牌奖；2019年，她被人民日报、共青团中央、央视新闻、新华社等多家媒体点赞，并获得中国新闻周刊主办的“年度影响力人物”年度文化传播人物奖；2020年1月，她被《中国妇女报》评为“2019十大女性人物”。

李子柒之所以能够成为“明星自媒体人”，原因在于她一直坚持原创。她所制作的短视频，内容大多都是“土生土长”型的，包含了丰富的中国文化，有很深刻的内涵。当很多人都在跟着流行的风潮制作短视频时，李子柒没有那么做。她选择了少有人涉及的传统美食内容，每一个短视频都显得十分质朴和真实，透着乡土文化的气息。从原材料的采摘，到传统的烹制方法，都让人有眼前一亮的感觉。

“民族的就是世界的”。李子柒那看似有点“土”的短视频内容，却因为原创性和真实性受到广大网友的喜爱。于是，她从国内火到国外，受到网友的广泛关注和认可。

每个企业撰写的原创性内容都是各不相同的。有些企业在自媒体平台上会发布企业的观点和行业经验，可作为用户用的参考和方法等，以企业的口吻和身份来面对读者，让用户能够通过这些文字认识企业。而用户也会转发一些精彩的原创内容，参与讨论和互动，进一步提升他们对企业的认知度。

也有一些企业通过为读者提供内容服务，用优质的内容来吸引用户的关注，增强用户的黏性，让他们成为企业的忠实粉丝，从而为企业创造更大的商业价值。企业在坚持原创内容的同时还要放开眼界，学会整合外部的信息，增强企业自媒体的吸引力。也只有这样，自媒体才能不断完善原创内容，让内容更好地为企业营销服务。

当然，无论是什么样的内容，新鲜感和原创性都应该合二为一。不断丰富企业的自媒体内容，根据自身定位，在同一写作风格的前提下，增加自媒体内容的可读性和趣味性，让文章吸引更多用户的点击和阅读，不断增强企业的影响力，让营销更加深入人心。

用内容吸引用户自动关注、转发

优质的内容可以在第一时间吸引用户的眼球，并且促使用户下意识地进行关注、转发。呈现出优质的内容，将用户深深吸引住，并且促使用户发自内心地将信息转发分享到各种自传播工具中，让更多的用户看到，才能形成有效的自传播、自营销。因此，对于企业自媒体来说，要不断撰写出能够吸引用户自动关注、转发的优质内容。

在如今这个自媒体时代，优质的内容并不仅仅是指文章的文笔，还指营销的活动、方案、方式等。在很多时候，吸引用户目光的不是高超的文字水平，而是强有力的营销内容。

为了激发用户对宝岛眼镜的喜爱，提升宝岛眼镜的知名度，宝岛眼镜与苹果Apple Watch合作，推出了“晒单，抢Apple Watch”的活动。用户只要在互动时间内扫描页面上的二维码，关注宝岛眼镜的微信公众号，然后在朋友圈中晒出自己购买的宝岛眼镜产品，就能获得抽取Apple Watch的机会。这种双方跨界合作的模式，让用户在第一时间里就迅速将宝岛眼镜和Apple Watch联系起来，大大提高了用户的参与度，也进一步扩大了宝岛眼镜的知名度。

对如今的自媒体营销来说，营销的内容开始呈现多样化的趋势。但是，无论是什么样的内容，都要从用户的角度出发，要引起他们的关注，并让他们自发地去转发，让企业的信息迅速传播到更广的空间。那么，在企业的自媒体营销中，如何用内容吸引用户自动关注、转发呢？这就需要做到以下四个方面：

1.学会“小题大做”，用有争议的产品引发关注

很多企业在发展的过程中会遇到一些困难和阻碍，或者一些小的争议。企业切不可忽略这些问题，要学会抓住机会，在适当的情况下，可以“小题大做”，借机炒作，反败为胜，争议就会变为企业的正面力量，让用户看到产品背后的内容，巧妙地将这些争议转化为企业的一种热点、看点，从而吸引更多人的关注。

2.有故事的产品才能引发用户的关注

提到聚美优品，人们就会想到“为自己代言”的创始人陈欧的创业故事。它已经深深埋进了用户的内心，让用户对聚美优品有了一个故事化的印象和关注点。在企业营销中就要学会这种方法。一个产品有故事，才能更准确地表达出自己的品质，才能让用户对企业形成更好的认知。而要想撰写出一个好的故事内容，就需要从用户的内心出发，用真爱故事做营销，并且要让产品表达出积极和正面的故事内容，这样才能扩大产品的自传播范围，做好企业的营销活动。

3.为用户提供“干货”以引发用户转发

在自媒体时代，企业要想通过便利的自媒体来传播内容，仅仅依靠一些介绍产品的文字、图片是远远不够的。这些直白、单一的文字、图片很难给用户带来吸引力。而为用户提供一些实用的信息、内容，则能吸引用户去转发。因此，企业在撰写自媒体内容的时候，要学会站在用户的角度思考，给用户带去有实用价值的内容。要学会发送用户热切关心的内容，吸引更多人的目光，进而达到高关注、高转发的目的。

4.亮出最新的、独一无二的观点引起用户转发

在企业做营销的过程中，要明确自己的受众，也就是企业的目标客户。这个时候，企业一定要站在用户体验的角度来审视自己的营销内容，及时推送新信息。树立内容没有最新只有更新的意识，不要仅仅依靠一部分优秀的内容来传播，要不断用产品的特色去吸引用户的关注。最好能够打破常规的方法，颠覆营销的道路，打造一个最新的、有特点的、出彩的营销内容，让企业的营销更有吸引力。

总之，在自媒体时代，企业务必谨记内容为王的道理，要用优质的内容来吸引用户自动关注企业，并进行转发，扩大企业的传播和营销范围。能够吸引用户的自媒体内容，不仅仅需要做到以上四点，企业还要根据用户的阅读口味，体现出简单而不乏味、规矩而不死板的特质，用优质内容吸引用户，引导他们在自媒体上进行互动，为企业自媒体创造利益。

第六章

微信营销：
就是玩转微营销

腾讯公司推出微信公众号之后，微信营销就进入了自媒体运营者的视线之中，成为了企业重要的营销推广工具。利用微信进行营销的最终目的，是为了放大产品和品牌的影响力，提升企业或者个人的效益。因此，玩转微信已经成为自媒体时代企业的最新发展要求，也是营销的关键。

不可不知的微信公众号

在如今这个互联网时代，微信作为自媒体营销的重要平台之一，受到了众多企业的高度重视。曾经有人说："过时与否，就看你是否拥有微信传播平台。"微信作为一个新兴的信息载体平台，以零资费、功能全面、涉及面广、快捷方便等优势成为国内几亿用户爱不释手的社交软件。因此，企业在微信公众号营销时拥有了海量的潜在用户资源，更有利于企业做好自媒体营销工作。

在微信营销中，不仅有公众号营销一种方式，还有朋友圈、扫一扫等微信功能都已经成为了企业的营销方式。但是，毋庸置疑，微信公众号是企业进行营销见效快、效益高的营销方式之一。利用好微信公众号这个传播工具，能将企业的产品、服务更快地传播出去。企业可以从以下三个方面入手来认识微信公众号：

1.公众号是微信进行自传播的重要前提

在很早的时候，微信公众号这个有巨大潜力的营销阵地就被众多企业注意到了，于是陆续有很多企业加入到微信营销的阵营之中。这个时候，也有很多企业开始意识到微信已经不仅是一个即时通信工具了，更是一个强大的自媒体平台。到2017年，大多数的企业已经参与到微信自媒体营销之中了。微信公众号就是微信自媒体营销最主要的阵地。

优衣库官方的微信公众号是一个服务号，这也就意味着优衣库每个月只有四次推送机会。但是优衣库向用户推送信息不只是进行广告宣传，而是运用时尚、国际范等符合企业品牌气质的内容进行自传播。这在很大程度上是为了迎合用户的口味，让用户在追逐时尚的同时，对优衣库产生良好的品牌印象。

在微信公众号进行营销推广的时候，企业务必把握好推送信息的时间。时间的安排对于企业的微信自传播很关键。企业发送消息过早或者过晚，都会影响到用户的休息，推送消息时间不当，很容易激怒用户。因此，企业要学会根据用户的时间，在用户吃早午餐之前一小时或者18点到22点的时候来发送消息，这样才能既增加点击量，又抓住用户的心。

2.微信公众号中加入购物服务快捷通道

微信作为一个灵活、综合的工具，其公众号也拥有众多不一样的功能。企业可以在自己的官方微信账号中加入全面的购物导航，进行有效的微信传播。用户可以通过关注企业的官方公众号，点击相应的按钮，进行购物。这样的跨界操作，让用户享受到便利，他们很可能会转发到朋友圈中，推荐给更多的用户，帮助微信公众号进行良好传播。

3.将新鲜元素加入微信公众号，更好地吸引用户

对于任何一家企业来说，微信公众号的开通，都意味着企业已经开始迈向了自媒体时代。这个营销方式，是众多企业进行公平竞争的一个重要方法，而发送的内容则是影响营销和传播结果的关键。为了吸引用户的关注，微信公众号一定要选择一些新鲜元素。我们以优衣库为例：

优衣库在微信公众平台中给用户推送了这样的信息："空间'复联'英雄，穿UT战袍，领10万张电影折扣券！"优衣库运用当时最热映的电影《复仇者联盟》的元素来向用户发送特殊的信息，引发了用户的转发和参与。

优衣库这种利用新鲜元素，制造悬念的方式，吊足了用户的胃口，吸引了用户的注意，同时也很注重语言的年轻化，大大提高了企业的知名度。在企业的微信公众号营销中，一定要不断将一些新鲜、有吸引力的元素加入其中，让更多的用户对企业产生好奇，进而激发他们购买的欲望，最终产生购买的行为，达到最佳的营销效果。

对企业来说，在充分了解微信公众号的前提下，做到以上三个方面，并对这个平台加以利用和重视，才能更好地完成企业的营销任务。只有做好微信公众号，让用户对其多一份依赖，进而推荐给更多的用户关注。也只有这样，才算是真正玩转了一呼百应的微信公众号，做好了营销的工作。

微信订阅号与服务号

在上文中，我们提到过优衣库申请的微信公众号中的服务号。其实，申请过微信公众号的人会发现，公众号有订阅号和服务号之分。如何选择订阅号和服务号，这就需要企业根据自身的营销特点有针对性地做出选择。

1.公众订阅号的特点

（1）订阅号主要为用户提供各种信息，是大多数个人自媒体的选择。

（2）订阅号是显示在订阅号文件夹里，而不是通讯录中。每天可以群发一条信息，且信息会存放在订阅号文件夹中，而不是好友消息列表中。

（3）订阅号群发出的消息手机不会主动发送提示信息，用户只有主动翻阅才会看到相关内容。

在订阅号中，很多人认为将文章放在订阅号折叠中会影响订阅号的影响力。因为用户在看订阅号的时候需要先打开订阅号的文件夹，从中找到订阅号，然后点击订阅号才可以开始阅读，这样一来，肯定会影响信息推送的达到率。但是，这却有利于维护整个微信生态圈的发展。

随着微信热潮的高涨，电台栏目“一些事一些情”也推出了自己的微信公众账号，将声音从电台转移到了微信上，并在广大用户中取得了良好反响。许多用户表示，在微信中听到主持人的语音十分兴奋。除了推送语音消息，“一些事一些情”还充分利用图文资讯、心理测验、音乐放送等方式和粉丝互动。这极大地调动了用户的积极性，不仅巩固了原有的用户群，还成功地吸引了一批新用户，有效地扩大了自己的影响力。

对于一些高质量的订阅号来说，订阅号折叠对于用户阅读的时效性有着一定的影响，但总体来说，影响还是微乎其微的。因为这些公众订阅号定位清晰、准确，内容真实有效。因此，在选择公众号订阅的时候务必将文章内容的品质提上去，吸引并留住用户。

2.公众服务号的特点

（1）服务号一周只能群发一条信息，而订阅号则可以每天群发一条信息。

（2）服务号发送的信息会显示在好友消息列表中。

（3）服务号有消息提醒功能，可以最大程度地保证内容阅读的时效性。

（4）服务号可以使用自定义菜单功能。

公众服务号是微信公众平台下的另一个账号类型，目的是为了给用户提供服务，主要是一些知名度较高的品牌或者商家在开通。订阅号可以一天发布一条信息，而服务号只能一个月发布四条信息。但服务号发出的信息会显示在好友消息列表。这样一来，服务号能够针对客户进行精准化营销，但是信息的发布条数受到限制。对于一些知名度不高的企业和商家来说，这可能并不能达到他们预期的营销效果。

3.选择适合自己的公众号

了解完订阅号和服务号的特点后，要想更好地开展微信营销，就需要根据自己的实际情况来选择合适的公众号类型。

首先，要根据自己的需求来选择公众号类型。如果是一些知名度不高的企业，选择服务号的话，一个月发布四条消息，无异于石沉大海，很难达到扩大知名度、加大营销力度的效果。所以这类企业选择订阅号是最为合适的，可以每天推送一些高质量文章，扩大企业和商家的知名度，也可加大与用户的互动力度，赢得口碑。等到用户数量足够多的时候，订阅号无法满足用户需求，再升级为服务号也不晚。

深圳海岸城借助微信公众平台开通了自己的微信账号，它将二维码与微信会员卡结合起来，推出了“开启微信会员卡”的活动。用户通过手机微信可以成为海岸城的会员，享受许多优惠特权。这一活动为海岸城带来了许多客户，在提升自我影响力的同时，也打开了一条宽阔的营销之路，可谓一举两得。

其次，如果企业选择使用服务号的话，要有一定的品牌知名度和技术开发能力，对自己的服务号有一定的系统规划，否则还不如使用订阅号来进行营销。但是对于一些经常和用户发生联系的企业，比如银行、电子商务企业、航空企业、火车站等，应该选择服务号，以便为客户提供更好的服务。

大多数企业在进行微信公众号营销的时候，都会从订阅号做起。先做好订阅号，通过订阅号形成良好的沟通机制和氛围。当订阅号拥有足够多的粉丝之后，如果用户的需求无法通过订阅号满足，再升级服务号，这是一个循序渐进的过程。但是，那些与客户联系紧密的行业和企业，优先选用服务号。这样能在用户消费过程中不断给予服务性的提示，提供订单、行程、路线、航班信息等的及时提醒和查询，并提供实时的在线客服。基于客服的实时沟通是微信公众号的魅力所在，不能忽视。未来“微信客服中心”，很有可能和电话客服中心一样，成为企业新的客服模式。

微信公众号营销掀起了新一轮营销热度，并逐步走向完善，成为企业营销的主战场。企业应该选择适合自己的服务号或者订阅号，最大程度地去运营好企业的官方微信公众号，玩转微信公众号，进而不断为企业创造更高的营销效益。

做好微信公众号的定位

对于微信的营销，曾经有人说："微信营销是当今营销之中最有新意，也是最容易操作、最能让用户'上钩'的营销工具。"实际上，对于企业的发展来说，也的确如此。微信的出现，改变了以往企业的营销方式，也改变了大多数人对于互联网营销的看法，让营销真正走进了每一个人的生活中，让企业或者个人的自传播都变成了现实。但是，究竟如何来抓住这个有利的营销武器，做好微信的营销呢？这就需要企业做好微信公众号的定位，打造出一个成功的微信公众号。而想达到这个目的，要做到以下三点：

1.定位行业方向：打造出有行业特色的微信公众号

在微信公众号定位中，企业首先要做的就是根据发展的需要来定位公众号营销的行业方向。很多企业都在运营微信公众号，也有不少媒体在微信公众号上栽了跟头。很大的原因就是在运营的时候，没有对自己的行业进行精确的定位，内容上也没有目标性和计划性。比如，公司是做餐饮的，微信公众号的定位就应该是饮食行业；公司是做服饰的，微信公众号的定位就应该是时尚服饰行业。

在明确企业的行业方向之后，就要专注于打造一个有行业特色的公众号。特色来源于专注，企业特色来自于企业的独立性和在特定领域的专注性。专注也意味着，企业在做自媒体的时候，必须从宽泛的领域中抽身，选择一个自己擅长的领域，专注于其中，进行精耕细作，培养自己的力量，做出特色，展现出自己的优势，才能吸引更多的用户订阅。

2.定位目标需求：明确要面向的用户群

通过微信公众号做营销，关键是明确企业的用户群，也就是与企业产品有关系的用户。企业的产品决定了目标客户群，企业要去影响对产品有需求的人群。对企业来说，只有定位好企业的目标群，明确企业的公众号想要影响谁，才能更好地将他们变成企业产品的追随者。

凯迪拉克的微信营销很早就开始进行了，并且取得了较好的成绩，甚至成为了早期微信营销的典型案例之一。凯迪拉克善于运用大数据来找到自己的目标用户，并且在明确了他们的购买习惯之后，用自身的优势让用户在了解了凯迪拉克成功的同时，对该品牌的汽车产生向往之情。

凯迪拉克曾在微信公众号中发表了一篇名为《大数据，让你秒懂ATS-L运动进化论》的文章。在这篇文章中，凯迪拉克针对一些热爱汽车的用户，详细介绍了凯迪拉克运动元素的进化，让用户了解了这些内容。而凯迪拉克的优势和成功模式也成功地影响了用户，收获了大批的潜在客户。

对于企业来说，企业只有明确地定位所要面对的用户群，了解他们的整体特征，识别他们经常在互联网上活动的区域，才能在微信公众号的运营中做到知己知彼，在操作中做到有的放矢，达到事半功倍的效果。

3.定位核心产品：营销和产品主题相符合

周大福是一个著名的珠宝品牌，在某年妇女节当天，周大福为了激发用户的购买欲望，发表了一篇题为《“钻”如其人，花样钻饰闪耀女神节》的文章。在这篇文章中，周大福首先用“女神节”引出了产品信息，并针对不同特点的用户应该佩戴什么样款式的钻戒进行了详细的介绍。文章将营销主题和周大福的核心产品相结合，激发了用户的购买欲。

在互联网时代做营销，最有利的工具是产品，用户信任的来源也是产品。产品是企业成功的关键，也是微信公众号的关键。产品也能够传递出企业的营销理念和发展观念。当然，这个核心产品也要符合用户的需求，否则无法形成有效的传播。

在微信公众号的营销之中，企业首先要明确地对企业的核心产品进行定位，再配合与之相对应的营销主题来进行传播和推广。只有这样，才能做好微信公众号的营销。

微信公众号的定位工作是企业进行微信营销最为关键的一步。在这个内容同质化的时代下，要懂得对自己的企业营销做出细分的定位，并且不拘一格，让企业的营销走上与众不同的道路。

玩转微信公众号运营与推广

在如今这个信息爆炸的时代，随着智能手机和各种移动设备的发展，微信公众号作为一种重要的营销方式，受到了众多企业和自媒体人士的高度关注。其实，很多做微信营销的人并不知道自己运营的方向在哪里，也不知道究竟如何去做好企业的微信公众号。尤其是对众多企业来说，如何玩转微信公众号的运营与推广，已经成为如今企业发展必须了解的问题。

1.“阶梯式”运营微信公众号

（1）初期的微信公众号运营。运营微信公众号的人都知道，要想营销效果好，就需要提高粉丝的数量和质量。于是，很多自媒体人在运营公众号之初就开始把增加用户数量作为主要工作。其实，这种做法是不正确的。微信用户在关注一个公众号之前，都会处于好奇的心理，翻阅公众号的历史发布信息。如果公众号初期发布的信息只是为了增加粉丝量，内容做得不太好，自然就会让用户大失所望。

在微信运营初期要着重提升微信内容的质量，用高质量的内容不断吸引更多的用户。自媒体运营者可以在公众号上每天发布精品文章，并且分享到朋友圈、微博、QQ群中，让更多的人看到这些精彩的内容。当你发布的微信内容质量很高的时候，用户的忠诚度也会提高。

（2）中期的微信公众号运营。在将微信公众号的内容质量提高后，接下来，企业就要重点提升订阅用户数量。内容质量的提高已经给用户留下了良好印象，容易形成稳定用户。另外，前期高质量的内容必然已经积累了一部分用户，新用户的开发工作也会变得更加容易。所以，对于中期的微信公众号运营来说，要做到定期举办线上线下活动，不断将一些优秀文章分享到QQ、微博等高流量的营销平台。在各大网站平台上做推广，来提升公众号订阅的用户数量，就能做好微信公众号的中期运营。

（3）后期的微信公众号运营。经过初期、中期运营的公众号，在后期的时候只需要将已有的用户转化为忠诚用户。这个时候，企业可以通过多渠道推送信息，并且在推送的过程中与用户进行互动，将普通用户转化为忠诚用户。自媒体应该严格按照前期、中期的运营要求，做好内容质量的提升和公众号订阅用户量的提升，才能轻松做好后期的微信公众运营工作。

2.微信公众号的推广技巧

（1）内容推送技巧。在利用微信公众号推送内容的时候，最好使用一些图文信息，增强文章的可读性。当然，图片也不要过多，保证1500字以内的文章有三张图片。

（2）关键词自动回复的推广技巧。企业在进行自媒体营销时，都要学会使用设置关键词自动回复。当订阅用户的消息内容包含设置的关键词的时候，系统就会根据相应的规则自动发送信息给用户。通过登录微信公众平台，找到功能下的高级功能，然后点击“编辑”模式去设置关键词自动回复，添加企业的回复规则。

企业或者个人自媒体可以根据实际情况回复最新的消息，来设置相关的规则。比如，你设置的关键字是“公司”，而“公司”对应的是公司的简介。那么，用户在发送“公司”两个字以后，系统就会将提前设置好的公司简介发送给用户。

在这里，关键字可以随意设置，最多可以输入30个字。但是关键字越简单越好，不应设置太多，否则就容易使得用户收到一些无用的信息，导致用户反感。

玩转微信公众号的运营与推广，对于企业的发展来说是极其关键的。因此，自媒体人在利用公众号进行营销的时候，务必从以上两个方面做好运营和推广的工作。在这个过程中，自媒体人要重视用户的感受，从用户的角度出发来玩转微信公众号。那么，这个微信公众号自然也就能得到用户的认可。

案例：捷地派——打造出全国性的O2O校园服务品牌

在电影《星球大战》中，有一个象征勇敢和争议的绝地武士，名叫捷地派。而在现实的生活中，也有这么一个全国性校园O2O联盟——捷地派，它的创立源自创始人顾正书对传统外卖配送高成本、低效率的反思。顾正书发现，传统餐饮商家一般是小作坊式运营，没有规范管理的专业外卖，在美团、饿了么和百度这些大的外卖平台中，下单的先后顺序和配送总是容易混淆。外卖平台只是为商家解决了引流问题，没有解决引流之后的配送问题。捷地派就是要解决外卖O2O配送的痛点。

通过这个平台，在校大学生可以借助微信公众平台建立自己的服务平台，为其他在校大学生提供外卖配送、快递收发、跑腿代购等日常生活服务。不得不说，这是一场空前的微信创业经历，同时也是微信营销的重要方式。那么，捷地派是如何通过微信公众平台打造出全国性的O2O校园服务品牌的呢？

1.微信营销和移动支付强强联合

在捷地派的微信公众系统中，它们依赖智能派送系统，开发了一款智能小票打印机。在商家接单之后，智能打印机可以将各个外卖凭条不同的小票格式标准化，并按照先后顺序进行汇总打印，方便后续的配送服务。利用微信平台来进行配送外卖的服务，消费者只需要扫描二维码就可以结账，后续的工作可以在后台自动化地进行，大大节省了商家每天的对账时间。

2.超强的互联网思维带动了捷地派的传播

在如今这个自媒体时代，捷地派之所以能够发展成为全国性的外卖联盟，与其超强的互联网思维有着密不可分的关系。在成立之初，捷地派的创始人顾正书就通过个人小号在朋友圈中积极推广和分享捷地派的最新消息和一些趣事，并利用微信、微博等互联网自传播手段来积极推广营销，做到了依靠互联网下的自传播平台，做好了初期的营销工作。

3.外卖要“高大上”才能让用户尖叫

捷地派虽然只是一个外卖平台，但是因为自传播的原因，有不少人觉得从微信公众号上叫外卖是一种时尚的生活方式。捷地派噱头足、亮点多，充分抓住了年轻人利用互联网自我满足的心态。捷地派还利用了国内人士不同层次的需求的心理，通过建立上档次的时尚餐饮来不断吸引用户，达到最佳的自传播目的。企业要想自传播成功，要先让自己变得“高大上”起来。

4.让微信运营起来更有温度

捷地派在成立之初就凭借着出色的互联网思维吸引了大量用户的关注，还吸引了众多投资者的目光。在移动自传播的模式之下，捷地派想要有温度地传播产品，来做好这个外卖平台。因此，在捷地派服务的过程中，始终会对微信公众号上用户提的问题给予热情回复。捷地派的客服人员还会记下用户的喜好和故事，有针对性地进行推荐和营销，让用户感觉到温暖和呵护。用户感受到这个有温度的营销之后，自然也就对它的印象较为深刻。于是在购买这些外卖套餐之余，用户也会主动在微信上进行传播和分享。

捷地派创始人顾正书说：“我们的目标不仅仅是自己公司赚钱，还要协助学生创业团队做好校园生活服务，发挥集体的智慧和力量来做事情。校园这个市场我们肯定能做好，而且有能力成为领先的校园服务品牌。”相信捷地派在经过一系列的改革和发展之后，会成为一个更加专业、更加便捷的校园服务品牌。

案例：“有车以后”如何借助微信公众号成为第一汽车平台

CCTV新闻频道晚间黄金时段的王牌栏目《共同关注》播出了一条特殊的广告，这个广告时长虽然只有15秒，但是却成为了载入中国自媒体史册的广告。这个广告是千万粉丝关注的微信汽车类自媒体——“有车以后”做的。这是央视历史上的第一个微信公众号广告，它以视觉画面为怀旧像素风的动画呈现，面向80后、90后年轻受众人群。广告吸引了大量粉丝的关注，“有车以后”又借助强有力的微信公众号平台宣传，成为了数一数二的汽车类自媒体。

“有车以后”创始人徐晨华曾经说过：“从未有过微信公众号在央视投放广告，一开始‘有车以后’这个广告被CCTV否定了，后来经过反复审核后才得以播出。”由此可见，在微信营销之中，“有车以后”确实做了很多的努力。那么，“有车以后”是如何借助微信公众号成为优秀的汽车类平台的呢?

1.微信订阅号中的汽车“独角兽”

在以往的微信营销之中，公众号已经成为众多自媒体人企图流量价值变现的一个关键平台。比如，“罗辑思维”就凭借超过300万的粉丝开创了基于内容的广告、社交电商的商业模式。“有车以后”就是抓住了微信公众号发展的最好契机，从单纯的内容提供摇身一变成为服务提供者，并且不断在自己的公众号中深化工具功能，成为一个专注买车用车问答的微信公众号。

“有车以后”创始人徐晨华曾说：“微信订阅号抢得了快速发展的时间窗口。但作为垂直媒体，我们比‘罗辑思维’这类自媒体定位更精准，我们的粉丝是‘销售漏斗’底端的买车用车用户，他们的资讯需求和使用场景处于购买转化的关键期，因此更能充分发掘互联网传播的精准价值。”

看准有利的变革时间，果断出手做80后、90后的买车用车营销，是“有车以后”成功的一个关键因素。“有车以后”也凭借微信公众号成为了全国领先的汽车新媒体。

2.优质的内容是“有车以后”营销的基本功

在“有车以后”的营销中，创始人徐晨华曾说过：“内容依然是‘有车以后’的根基，接下来将进一步丰富内容品类，提供视频、漫画等新颖的优质多媒体内容，在此基础上，我们也将开发自己的内容IP。”他们始终坚持以优质的内容作为营销的主体，同时也用最优质的内容来回馈用户，实现与用户的双赢。

“有车以后”坚持用最真实、最有价值的问答来和用户进行最佳的互动，并且在实际的营销之中，不断用优质的内容引导产品付费的走向。有人说，在自媒体时代，付费的内容将成为营销的主流。但是，“有车以后”的营销之路告诉我们，优质的内容才会成为营销发展的关键，而优质的内容自然也会具备越来越高的价值。优质的知识内容慢慢会成为未来生活里面不可或缺的东西，它是人们日常生活和工作中稀缺的，因此非常有价值。

3.注重售后市场维护的“有车以后”更值得信任

无论在何种营销方式中，售后市场都是形成强有力营销的关键。“有车以后”在这一方面就非常有先见之明，它能够在公众号营销时，将售后市场重视起来，将售前的销售和售后的维修结合起来，在实际的工作之中，做好营销的售前、售后的闭环工作。面对售后如此高潜力的市场，众多自媒体人要效仿“有车以后”，根据企业的实际发展需求，将企业的潜在用户变为忠诚用户，做好微信公众号的运营和营销工作。

“有车以后”之所以能够借助微信公众平台成为知名汽车平台，与以上三方面有很大的关系。其他自媒体应该不断学习“有车以后”的这种营销模式，并将其运用到自己企业的微信营销之中，让企业按照既定的规定，稳定而又持续地前进。

第七章

微博营销：140个字就能引爆整个世界

新浪微博的CEO曹国伟先生曾经说过这样一句话："将来报道事实将是每一个人的事，如果每个人都有新浪微博，就可以把事实通过新浪微博向全世界发布出去。"这句话非常准确地说明了微博的强大力量。在微博这个小小的舞台上，无论是企业还是个人，都能通过自己的力量来引爆整个世界。微博是影响他人的一个重要的自媒体平台，也是营销的一个重要媒介。

玩转微博营销的策略

140个字能做什么呢？140个字能够介绍清楚一款产品吗？140个字能够介绍一个企业吗？在微博出现以前，很多人都认为，140个字什么也做不了。但是，随着自媒体时代的到来，140个字开始发挥其巨大的威力。微博虽然只能发布140个字以内的内容，却成为企业引爆整个世界的一个重要媒介，也成为了企业营销的主要战场。微博正在以它强大的营销力和传播力影响企业的发展。如何更好地玩转微博营销呢？可以从以下两个方面着手来做：

1.微博营销的定位策略

任何企业想要进行微博营销之前，都要进行定位，准确的定位才是成功营销的开始。一条微博最多只有140个字，但企业依然可以凭借这140个字传达给用户许多潜在的信息。企业微博的定位折射出的是一种虚拟的形象，对引导用户的选择至关重要。有了清晰的定位，企业的微博营销就成功了一半。当然，企业的微博定位是需要有侧重点的，有些企业在微博定位的时候，恨不得将1岁到100岁的用户都纳入到企业的受众范围中，这种做法是不对的。

在最贵自媒体排行中，同道大叔以每天广告费10万~13万元的价格名列前茅，成为自媒体营销的大赢家。关注同道大叔微博或者微信的人都知道，这个团队对自己的微博是有准确定位的。作为一个知名的星座博主，也是星座的资深研究者，他所面对的用户都是对星座有一定兴趣和爱好的受众，也就是大多数的80后、90后或者00后。至今他的粉丝已经有一千多万（见图7-1），他也成为了著名的微博大V。

图7-1　同道大叔微博粉丝数

企业只有聚焦于一个目标群体，做好精准推广，才能达到营销的目的。企业的微博要想精准定位，就要让微博风格保持稳定和持续发展。很多企业的官方微博上午还在不断“卖萌”，下午就变成了专家和学者的口吻，让粉丝看得莫名其妙。风格变来变去，会让用户对企业微博的信任度大大降低，不利于营销的开展。

2.微博营销的内容策略

企业注册官方微博的主要目的就是为了营销，不能在微博里“侃大山”，要保证官方微博所发的每一条信息都是有用的。首先，所发微博必须要紧紧围绕与自己微博定位有关的行业、品牌、产品等，切忌跑题；其次，企业在发布微博的时候要学会观察和寻找用户的实际需求，有针对性地进行营销，并且力争让用户每次更新都能看到一些新鲜的、有用的信息。

蒙牛为了更好地进行营销，在微博上发布了“喝蒙牛红包牛奶领NBA大奖”的话题，瞬间吸引了3000多万的粉丝阅读和讨论。蒙牛推出了蒙牛红包牛奶新装的新产品，为了做好营销，蒙牛通过微博上的内容和话题，吸引了大批的用户前来购买此款新产品。用户还在微博晒出自己抢到的红包截图，大大提升了蒙牛新产品的知名度，达到了营销和传播的最终目的。

在企业的微博营销中，还需要解决一个问题，那就是企业如何兼顾微博的营销功能和广告功能，达到好的协调效果呢？企业在进行微博营销时，要遵循基本协作的规范，在不影响整体连贯性的基础上，让用户在阅读微博的时候了解发布者所要宣传的内容。高水平的微博内容能够让用户既看到需要了解的内容，又看到发布者想要做的产品广告，将企业的营销和宣传完美地融入到微博中。

在微博的营销中，要想让小小的微博爆发出巨大的能量，就需要对微博进行准确而清晰的定位；做好微博的内容规划，让微博的140个字都有分量，做到字字珠玑，发挥一字千金的作用，达到营销的目的。这样，就能让微博营销引爆整个世界。

精心打造出独特的微博气场

随着社交媒体的不断发展，越来越多的企业开始加入社交媒体的营销之中，开始通过强大的社交媒体，如微博、微信、腾讯等，进行营销的工作。其中，微博营销作为一种新颖、有效的营销渠道，更是引起了众多企业的高度重视。如何让企业的产品更好地呈现在微博用户面前，使得潜在的客户对于企业所倡导的理念和提供的服务产生好感，进而做好微博的营销？企业要精心打造出独特的企业微博气场，需要掌握以下的微博营销方法：

1.做好企业微博的分析评估

企业微博作为当今一种重要营销方式，在面对庞大的客户群的时候，要对微博中的用户进行精确分析。对企业的用户群进行科学、精确的分析，才能做好精确的定位。同时，在这个过程中，企业还要对客户进行全方位的观察，深入了解客户，进而把握企业微博营销的分寸。合理引导客户的心理需求，在微博上用最真诚的语言和行动去打动客户，充分赢得他们的信任。从最适合客户需要的角度出发，制定出最有针对性的营销方案。

做好分析评估工作的最终目的是为了持续性地进行营销。微博作为一个动态变化的自媒体平台，要想达到这个目的，就需要企业随时掌控微博动态。

星巴克作为全球最大规模的连锁咖啡店，在很早的时候就开始进行微博营销了。在2010年，星巴克的中国微博正式开通，从此以后它的每一个话题都是一场营销活动。星巴克极为注重对微博用户的数据分析，利用数据来深入了解用户。

截止到2019年12月，星巴克的官方微博已经有了157万的粉丝（见图7-2）。在很多时候它都能针对注重享受、休闲、崇尚知识且富有情调的城市白领，做出非常有效的营销活动。它通过咖啡店所营造的充满文艺气息的环境来感染客户，形成了良好的互动体验。同时，星巴克在微博营销中极为看重客户的反应，对于粉丝的问题回答的速度非常快，总是轻松地引导话题的走向。星巴克会做好微博用户的分析，进而在之后的营销中，让内容更加贴近粉丝的需求，引起他们交流的兴趣和情感上的共鸣，最终拉近彼此之间的距离。

图7-2 “星巴克中国”的粉丝数

星巴克的中国企业微博自运行以来效果一直良好，与粉丝形成了良好的互动，并且随时能够掌控粉丝的动态，对粉丝有非常多的了解。在分析和评估到位的基础上，星巴克中国微博也实现了有效营销，使自身品牌形象得到了很大提升。

2.用微博塑造好企业形象

形象作为一个人或者一个企业内涵的外在表现，是粉丝最直观、具体的视觉认识。对于一家企业来说，企业形象和品牌形象力是市场中的“身份证”。企业的形象好、品牌认知度高，会让消费者产生强烈的认同感，自己的微博也能形成强大的影响力和营销力。在打造企业的独特微博气场时，自媒体人要善于借助粉丝和微博的力量，不断提升企业的品牌形象，制造出能够抓住消费者眼球的话题，使得企业产品的特色深入到每一个目标客户心中，最终达到最佳的营销目的。

要想塑造出好的企业形象，就需要微博营销人员讲好企业的品牌故事，学会将产品的优势和特色隐藏在企业文化和服务理念中。企业不妨在微博中讲一个融入企业背景、实力等各方面信息的故事，增强用户对企业形象的认同感，让他们成为企业的忠实用户。

3.巧用微博营销的活动技巧

要想打造出独特的微博气场，企业就不得不巧用一些微博营销的活动技巧，这就需要做到两个方面：一方面是做好企业微博的“微活动”。可通过有创意的活动策划来帮助企业宣传产品或者品牌形象，让微博营销达到宣传推广的目的；另一方面，企业可以通过策划一些企业微博活动，比如公益活动、促销活动、竞赛活动等，来提升企业微博的关注度。巧妙的活动项目、新颖的活动形式是微博营销工作顺利开展的关键所在。

微博作为一种正在悄然改变传统商业宣传模式的自媒体平台，在具备强大功能的同时，还有一些风险，需要企业保持必要的警惕。在精心打造出独特的微博气场的同时，企业要充分认识到微博营销中的风险，使用有效的手段把风险控制在可控的范围之内，真正打造出有效的、独特的微博营销。

微博营销需要注意的四大法则

自媒体的不断发展，使得微博营销的市场变得日益复杂起来。企业要想通过微博来达到营销的目的，变得越来越艰难。许多企业虽然很早就在使用微博做营销，但是效果始终不温不火，达不到营销的目的。如何在这个时代做好微博营销的工作，已经成为了所有企业面临的一个重要问题。究其根本，是企业在微博营销之中忽视了微博营销的四大法则。

1.法则一：紧贴生活，实用性强

在微博的营销中，运营者必须要养成经常浏览微博的好习惯，这样写出来的东西才会让粉丝产生共鸣，紧贴粉丝的实际生活，让粉丝认为你是一个紧跟时代潮流、和他们保持同步的人。当然，对营销来说，最终要达到销售的目的。让粉丝产生购买欲，就成为微博营销的关键。

在微博的营销中，企业的微博要具备很强的实用性，紧贴粉丝的生活。产品能够切实帮助粉丝解决一些问题，并且通过运营者优美的文笔来写出跌宕起伏、让粉丝欲罢不能的内容。这样才能做好微博营销。

2.法则二：简明概括，直奔主题

作为一种自媒体平台，企业在使用微博营销时，要对撰写的主题、内容和风格有清晰而明确的定位。企业能否充分发挥这短短的140字的力量，已经成为微博营销的关键。简明概括、直奔主题，则是企业进行微博营销的重要法则。如果你的微博让粉丝看了半天都不能领会主题和内容，粉丝就会变得不耐烦，甚至产生厌恶的情绪，他们以后可能不会关注你的微博了。因此，企业在进行微博营销的时候，要注意对微博的全局把控，做到简要明了地概括内容，直奔主题。

3.法则三：不断积累，厚积薄发

强大的营销效果往往需要前期的铺垫和积累。对企业而言，在微博中要使自己的微博内容列表化，也就是能够让微博的整体结构清晰、明朗，看起来层次分明。要学会在开篇时就亮出自己的观点。好的营销方法，就如同产品的外包装一样，只有做到新颖、独特，才能完成企业营销的任务。企业可以通过不断搜集有用的企业信息，积少成多，找到最有营销价值的内容，持续地创造出高质量的微博内容。

4.法则四：相互学习，互相收获

对于微博营销来说，企业要想达到目的，就要做好打持久仗的准备，而不是企图速战速决取得营销的成果。自媒体时代，这种低成本、高收益的运营方式也有着明显的劣势，那就是切不可用“三天打鱼，两天晒网”的态度来运营微博。企业应该在微博营销的过程中，不断学习其他企业的营销优势，做好内容的更新工作，让微博内容的质量稳步提升。企业还要不断总结近段时间的收获，培养出用户阅读企业微博的习惯，才能最终做好企业的微博营销工作。

总之，在微博营销的过程中，企业务必牢记以上四个法则，才能不断让企业的微博吸引更多用户的目光和关注，进而通过精准化的营销来达到最终的销售目的。当企业的营销达到“遍地开花”的程度时，就能让更多的人对企业有深入的了解。

微博营销如何吸引粉丝

自媒体营销发展到如今，越来越多的企业和个人将微博看成自媒体营销的主阵地。各大企业纷纷建立了官方微博，开始通过各种各样的方式来吸引用户的关注。一些企业的产品、优惠信息、最新活动等，也开始通过微博这个自媒体平台向更多的人推出。而企业做这些的目的，就是吸引更多的粉丝来关注自己的微博，最终实现营销。在微博营销之中，一个最为关键的问题就是，如何来吸引粉丝?

1.用微博的热搜话题吸引粉丝的参与

微博话题是微博用户搜索时的关键板块，它的表现形式就是在关键词的两端分别加上一个“#”。比如，华为推出的徕卡双摄像的P9手机就曾成为了非常热门的话题，很多企业和个人纷纷加入到这个话题之中，并且成为了华为的粉丝。企业就可以借助这个自媒体传播平台，依靠热点话题来不断吸引用户参与。

曾在微博热门话题排行第六的“海马体在佛山”，现在依然有很高的热度（见图7-3）。它说的是广东佛山的海马体照相馆的开幕。通过这个热门话题导入，然后发布开业的大福利（见图7-4）。粉丝通过对这个热门话题的讨论和参与福利活动，开始逐渐了解海马体照相馆。在短时间内，海马体照相馆的粉丝数量大大增长，企业的品牌知名度也大大提升，达到非常好的营销目的。

图7-3 话题“#海马体在佛山#”

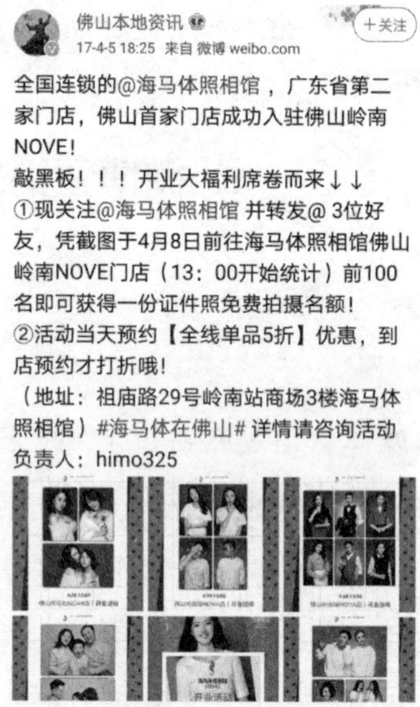

图7-4 海马体照相馆开业大福利

在微博上，类似这种微博营销的例子有很多。微博这个开放的平台，为许多企业提供了一个绝佳的营销场地，也成为了企业吸引粉丝的关键平台。企业在通过热门话题吸引粉丝的时候，要注意两点：一是，搞清楚当前热搜的微博话题主要是什么，粉丝都热衷于什么内容；二是，企业要打造个性、新奇的话题来形成新的热议，进而引发爆发力，吸引更多粉丝的关注，最终达到微博营销的目的。

2.借助名人影响力提升粉丝的关注度

无论是在什么时候，打开微博，看到最多的话题、新闻是什么？明星和娱乐新闻。名人的影响力在微博营销中是很大的。因此，企业在进行微博的营销中，要想吸引粉丝，可以借助名人效应。例如，让一个名人或者明星转发一个微博，做一下间接的代言，不仅可以提高企业微博的转发率，还会大大提升粉丝的数量。

在微博中，当红明星或者名人的粉丝往往数量都是上千万的，甚至名人发个自拍照都有几万人的评论。对企业的自媒体而言，利用名人的影响力，能起到非常好的宣传作用。企业可以对这个重视起来，通过一些名人或者明星的微博转发，来增加企业的粉丝数量。

3.官方微博、个人微博双管齐下

微博营销中的微博账号大致可以分为两种：企业微博和个人微博。企业为了做好自媒体营销，加大传播力度，应该双管齐下。企业官方认证的微博自然是非常有必要的，企业的官方微博更能够提高企业的信誉和信任度，让粉丝对企业产生好的印象。企业也可以通过官方微博来发布一些较大的活动事项和相关信息，形成一个较大的传播范围。个人的微博也很重要，可以在个人微博发表一些有趣的事情，但是要和企业有所关联。这样，才能最大程度地吸引更多的企业粉丝，让粉丝对企业有更多、更深入的了解。

说起小米公司，大部分人都不陌生。小米手机在消费者当中有着不错的口碑，小米公司的产品也一直因“高性价比”深受消费者的喜爱。“小米商城”是很多人在买手机或电子产品时喜欢逛的商城，小米旗下的“小米有品”更是让小米的粉丝有了除手机和电子产品之外的更多消费选择。小米产品的营销一直都做得非常到位，小米公司也是进入互联网营销时代以来的典型营销高手。小米的官方微博和个人微博也做得很出色。

截止到2019年12月，小米官方微博粉丝数量达到1300多万（见图7-5），小米创始人雷军的微博粉丝数量达到两千两百多万（见图7-6）。在小米的官方微博，小米为粉丝推出了各种产品介绍、价格促销、活动优惠等信息。这吸引了大批粉丝的目光，也使它成为了小米营销的一个重要战场。雷军的个人微博也是粉丝关注的重点，甚至比小米的官方微博更受关注。雷军的个人微博加速了小米产品在微博的营销和自传播，让更多的人关注小米产品。

图7-5 小米官方微博粉丝数

图7-6 雷军微博粉丝数

对于企业的自媒体营销来说，无论是采用何种方式，如何进行营销，都是需要粉丝支持的。因此，在微博营销之中，要着重注意以上三个方面，不折不扣地进行执行，进而以微博为中心来不断裂变，迅速蔓延到每个人身边，深入到每个人的生活中，不断吸引更多粉丝的关注，从而找到企业的潜在目标客户。

案例：vivo——从“暴力”营销到情怀之路

在春节将至的时候，各大企业和品牌都开始进行产品的营销工作，准备借助春节这个高流量的营销时机，让营销达到“四两拨千斤”的效果，迅速引爆话题热度，vivo无疑就是一个营销成功的典型案例。在以往的印象中，vivo是各大综艺节目的常驻赞助商，也是暴力营销的典型代表。但是，这次营销活动，vivo却走向了有情怀的营销之路。

在vivo的“照亮全家福”的系列活动中，它们让vivo的两款拍照性能极强的手机为主角，设计了五个家庭生活情境的小故事，以贴近人们生活和工作的视角，来展示vivo手机强大的拍照功能，并且相当有趣，创意十足。内容发表到企业的官方微博之后，引得无数网友点赞，还纷纷在下面留言，想要留下一张全家福。然后就出现了众多明星在微博上晒出“照亮全家福”的霸屏宣传，让vivo再一次强势进入人们的视线中。vivo成为了引爆春节营销的品牌之一，而vivo这两款手机则成为了很多人心仪的爆款手机。

vivo以一种更能激发用户感受的营销方式，再一次引爆春节营销的热潮。vivo用自己主推的手机拍摄全家福的摄影营销活动，让更多的人在春节小长假来临之际，意识到和家人团圆的重要性。vivo让这场营销变得既有科技感，又非常有温度，这是它能引爆春节营销的关键。vivo的营销能达到这样好的效果，与它以下三个方面的微博营销策略有密不可分的关系。

1.vivo善于布局全媒体矩阵的策略

在vivo的营销之中，vivo的营销方法显得成熟和体系化。尤其是“照亮全家福”的活动，将这些特点表现得淋漓尽致。vivo通过对差异化产品的对比，不断强调产品的优势。它营销的实质，就是通过对产品的优势，进行全网范围内的辐射式传播，进而影响到更多的用户，让每一个人都对vivo产品的优势有深入的了解。

vivo的营销还很注意名人效应，它不断借助名人来扩大宣传。vivo会请一些明星红人、知名媒体、网红大V等知名人士参与到活动当中，借助他们的个人影响力，不断扩大企业品牌的影响力。vivo还通过段子手家族微博矩阵实现强曝光，形成一次强有力的推广，引起众多网友的情感共鸣，勾起他们拍全家福的欲望。这次组合传播，正是vivo独到营销范式的鲜明体现。

2.明星达人参与的“照亮全家福”

在vivo的“照亮全家福”的活动中，vivo通过三大明星代言人来引爆话题热度。有“铁血硬汉”彭于晏、“时尚女神”倪妮、NBA顶级球星斯蒂芬库这三大明星在微博上倾情助阵，使vivo的活动拥有了较大的讨论量，吸引了大量的粉丝。vivo还邀请了很多微博大号来承接官方话题和互动，还有千万级自媒体大咖罗辑思维、十点读书等进行微博传播。vivo将微博全媒体矩阵囊括在内，给“照亮全家福”活动做了强有力的推广。这次活动的推广涉及多个行业，全方位地突出“全家福”的美，让用户了解vivo拍照产品对“美”的追求，强化了微博营销的效果。

3.注重用户的洞察力和场景体验感

vivo善于在用户眼球中挖掘营销需求。在碎片化形态与信息大爆炸的当今时代，用户对默守成规的营销方式已经逐渐失去兴趣。vivo谙熟粉丝对社交平台的使用习性，并以此创造出新的场景式营销。它在微博发现首页植入10个icon广告，在搜索主页呈现彭于晏代言的动图与发红包活动，并注入了新鲜的元素，形成一股强有力的视觉冲击，给用户带来了更好的体验，激起用户参与的积极性与分享的主动性。

回顾vivo的迅速崛起之路，其核心就是围绕产品、品牌、渠道的“三板斧”策略，专注“拍照+强品牌触达+强渠道推广”的玩法，然后在企业品牌的名声扩大之后，开始进行有情怀的营销之路。它注重将企业的潜在用户变为企业的忠诚用户，从而做好企业产品的营销。

案例：“苹果风”卫龙辣条的微博营销

在苹果的新手机即将上市的时候，卫龙辣条却抢先一步，进入到了大众的视线之中。“苹果风”的卫龙辣条迅速抢占了微博热搜话题榜，成为了用户的重点讨论对象。“苹果风”卫龙辣条凭借新奇的广告创意，在微博上形成了大范围的讨论，让更多的用户知道了卫龙辣条，走出了“苹果风”卫龙辣条的微博营销之路。

卫龙辣条借助苹果新机上市的时机，通过新奇的创意来引发微博上用户的大量点赞和讨论，扩大了企业的品牌知名度。但是，没过多久，微博上就出现了关于辣条不能再吃的传言。卫龙的表现却很谈定，通过“封杀辣条，和我有什么关系”这一话题，来回复谣言，再一次引起了大量用户的关注。至此，卫龙辣条再一次扫除人们对辣条的认知偏见，成为了社会化营销的典范。

在“苹果风”卫龙辣条的营销过程中，卫龙辣条对自媒体时代下的微博营销有较为精准的把握。“苹果风”卫龙辣条能够达到良好的营销效果，和它在微博上的借势营销有很大的关系。那么，究竟卫龙是如何借势在微博上进行营销的呢?

1.挑剔：借助最热点品牌，吸引用户兴趣

说到智能手机，很多人的第一反应就是苹果手机。毫无疑问，苹果手机在人们的心中一直是智能手机的标杆品牌。每年苹果新品发布的前后，也都是企业借势营销的最佳时机。卫龙辣条正是抓住了苹果新品发布的时机，借助这个热门品牌，进行一系列的营销推广，让更多的人知道了自己的品牌。苹果手机之所以如此受欢迎，与其高品质的手机质量有着莫大的关系。卫龙借助苹果来做企业的营销，在一定程度上也等于是向用户展示，我这个品牌也会以高质量的产品来回馈用户，打造出一个像苹果一样的好品牌。

2.预期：做好微博营销的全局规划

在自媒体营销时，企业要根据自身的发展需求来做营销，同时还要根据市场复杂多变环境做好各种问题的预防工作。要在微博营销的过程中，给出模仿、借鉴这些热点信息的理由，应对每一个营销周期当中随时出现的各种变化。只有这样，才能做好微博营销的全局规划，打造出一个有情怀、有价值、真实的品牌形象。

3.运用：全方位、极致地运用之后找到自己的品牌风格

纵观卫龙辣条的微博营销发展过程，是通过借助其他品牌来进行营销的。在这个过程之中，它慢慢摸索出了有利于自己发展的独特营销之路。对于企业的营销来说，模仿不是重点，平台也不是关键，最主要的是根据企业的实际发展情况，找到属于自己的特色营销之路。这样才能吸引更多的粉丝，让他们成为企业的潜在消费群体。

一切的营销最终都是为卖出产品服务的。无论是借助何种营销方式，何种营销平台，企业都要以全方位的眼光看待问题，从大局的角度出发，做好企业的营销活动，才能做好企业的营销工作。在微博的营销之中，“苹果风”的卫龙辣条是值得众多企业学习的一个案例。

第八章

视频营销：手把手教你玩转视频营销

随着互联网的高速发展和智能设备的普及，视频作为一种更鲜活的营销方式，开始受到越来越多的企业的关注。但是，要使用视频来达到营销的目的，就对企业提出了更高的要求和挑战。只有企业真正明白视频营销的定义、优势、需求，平台的选择、优化，才能做好自媒体时代的视频营销。

视频营销的定义和四大优势

随着互联网的普及，视频产生了很大的利用价值。移动互联网快速发展，看视频的人越来越多，视频营销将人们带到了一个全新的营销世界。

视频营销就是依托互联网平台，将各种视频短片以不同的形式放到互联网上，通过视觉感官冲击的方式获得理想的营销效果，最终达到营销目的。智能化设备的普及为视频营销提供了一定的平台基础。与传统的营销方式相比，视频营销有着更为强烈的视觉效果，可以帮助用户更为直观地了解产品，是实施现代营销媒体战略的重要部分。视频营销中的视频可以是产品视频，也可以是品牌视频、企业宣传片和微电影等形式的视频。

1.区域：传播范围广

随着智能设备的普及，越来越多的人开始使用智能手机。这就意味着视频所面向的受众群体更加广泛。无论是在传统营销媒体上还是在自媒体上，视频都可以不受时间和空间的限制向广大群众进行营销和传播。相比其他营销方式，视频更容易引起观众的兴趣，从而扩大宣传的效果。

在视频营销中，视频的传播范围可以覆盖所有的人群。视频营销比文字营销的受众更全面，可以扩大传播范围，进而达到提升品牌影响力的目的。

2.视觉：感官性冲击较强

感官性冲击较强是视频营销的一个最重要的特点。这种以视频为载体，以图、文、声、像的形式传送的营销方式，相比其他方式来说，能够给用户带来多种感官刺激。它更容易实现信息传送的目的，使得用户真正感受到产品的存在，也比单纯的文字传播多了几分信服力。在企业发展的过程中，视频营销是必不可少的，是能够给用户带来强烈感官体验的营销方式。

在众多的营销形式中，视频可以直接冲击用户视觉和大脑感官系统。有人认为："再好的文案、再颠覆人心的文字，也是需要消费者去想象的，而震撼的视频，不需要消费者去想象就可以震撼人心。"因此，在视频营销中，一个内容价值高、观赏性强的视频，在让顾客全方位了解产品的同时，更容易抓住他们的心。

3.定位：针对性和互动性较强

企业的视频在制作之前都会有产品的定位，对受众群众也会有清晰的定位。比如，化妆品的视频，一般要针对女性群体来进行营销，才能够达到最佳营销效果。只有针对目标群体进行仔细地研究和分析，才能制作出更适合用户产品营销的视频，从而达到将产品销售出去或者提升品牌知名度的目的。

在网络视频中还可以支持网友对视频进行评论、回复、转发等功能，方便网友之间的互动与沟通。这种更为亲密的互动可以消除消费者的戒心，方便消费者进一步了解产品的信息，拉近用户与消费者之间的距离，对信息的推广和营销起到积极作用。

4.成本：网络视频投入成本低

在以往的企业营销中，"硬广"是经常使用的一个营销方式。在电视台投放一个十几秒的广告，广告费少则几十万，多则成百上千万，这都是很正常的事情。在自媒体营销时代，越来越多的人开始将视频传播到网络平台上。在网络上投入视频相比于传统媒体来说，费用要优惠得多。网络视频营销的起点比较低，可以让更多的人参与其中，性价比非常高。

自媒体发展得越来越好，视频营销已经成为大家的重点关注对象，越来越多的企业开始将目光集中在视频营销上，同时也带动了一大批自媒体品牌的崛起。视频营销不仅可以将产品信息传送到用户的眼前，还可以将产品营销做得更好。充分、合理地利用视频营销，可以为用户带来更为直观的体验，将营销做得更好。

利用视频营销赚钱的秘诀

对企业来说，营销的最终目的就是为企业创造利润。视频作为自媒体营销的一个重要手段，其最终目的自然也是为了给企业赚钱。有人说，视频营销是企业的引流利器。也有人说，视频营销是企业有效营销的重要方式。视频营销这个互联网时代下的产物，正因其独有的属性成为企业营销赚钱的秘诀，也成为企业发展的关键。

对于企业来说，营销的关键是抓住用户的心。在自媒体营销中，粉丝是营销的关键。同样，粉丝也是视频营销的关键。对于企业来说，视频营销的一个得天独厚的优势，就是能够通过画面、声音来抓住粉丝的心。

一个看减肥视频的人，他一定是想减肥的人；一个看养生视频的人，他一定是想健康的人；一个看如何快乐视频的人，他一定是很想快乐的人。这些人都是自动找上企业的，不需要你登门拜访，不需要宣传。他们有这样的需求，就会来互联网上找。当他们找到了你的视频，并观看之后，他们可能会很兴奋地找你购买产品，或联系上你要跟你做生意。你就可以把你的产品或服务卖出去赚钱，同时他们也得到你的帮助，双方是互利的。

某酸奶品牌把目标用户锁定为13~25岁的青少年，经常在自己的视频营销当中推出一些优惠券。这些优惠券让观看视频的用户激动不已，他们只要截图便可以使用优惠券。这种限时就消失的优惠券的确很能抓住粉丝的心，让人忍不住去看视频和截图。

视频营销是将企业的产品和服务形象地表达出来的关键，也是企业扩大宣传的关键。对众多企业来说，视频营销是一种比传统营销方式更为有效的营销方式。因此，一些深谙此道的企业，已经开始将视频营销作为企业营销的主要方法了。究竟如何利用视频营销达到赚钱的目的呢？自媒体人可以从以下两个方面入手：

1.转变思维方法，找到正确方向

现在的市场条件非常复杂，越来越多的人想一夜成名、一夜暴富。而这种思维也影响到了企业的营销，有不少企业只看到眼前的利益，看不到长远的利益。在这种思维模式下注定无法做出优质的视频，也无法提高企业的知名度。企业应该转变思维观念，让自己慢下来，花更多的时间和精力去思考，让自己的视频营销内容与众不同，并且严把质量关。真正在视频营销上赚大钱的企业，并不一定在视频制作的方法上下了多大的功夫，而是注重视频内容，用独特和优质的视频吸引用户，同时也树立起了自己的风格。

2.制造视频引流的热点和亮点

对企业的视频营销来说，视频是信息产品，只能看不能摸，它是信息的融合体。用户看的是视频里的内容，内容里对他有用的东西，才是视频的价值所在。企业视频里的内容是有价值的，能帮助用户解决问题，用户就有可能把这些内容传播给他的好友。如果企业视频里的内容很差，没有价值，视频做得再华丽用户也不会感兴趣，因为这样视频对他们没有任何帮助。

视频内容、视频质量以及视频排名都很重要，每一个细节都不能忽略。企业做视频，要让用户看完视频之后很高兴地下单购买产品，这才是优质的视频。要做出优质视频，一方面，视频的内容要和企业的产品或服务相符；另一方面，企业所卖的产品质量好，服务要专业。用户有困难，企业能够解决他们的问题。用户有疑惑，企业能够给他们解释清楚，消除他们心中的疑惑。

综上所述，企业只有做到以上两个方面，才能做好视频营销的引流工作。企业视频营销需要流量，尤其需要精准的流量。企业把视频的内容做好，让视频拥有很强的说服力，把用户说服了，用户才会愿意购买企业的产品或服务。视频内容做得好，吸引来的流量多，就能产生更好的营销效果。

如何进行视频的构思和创作

在视频营销中，有两个关键点，那就是视频和营销。做好视频的创作和构思，在营销时会更有效。对于广大用户来说，那些有新意、能打动他们的视频，更能让他们产生观看下去的想法，这些视频能够将营销的价值发挥到最大。对企业而言，视频的创造和构思要和产品、服务密切相关。视频作为一种营销的媒介，最终目的是完美地将产品、服务理念融入其中，将企业的营销理念展现在用户的面前，进而扩大企业的品牌影响力。

1.全方位、高精准地进行有创意的构思

构思是达到营销目的的前提条件，也是玩转视频营销的关键。在进行视频的构思之前，企业要用把控全局的眼光去看，站在企业发展的最高点去想。做到这一点之后，再进行产品的构思。否则，企业构思出的视频营销方案很可能与自身的发展方向不匹配，无法产生好的营销效果。

粉丝在短视频社交媒体Vine上一直在展现新奇、搞怪、令人惊讶的创意。惠普为了他们的新产品惠普Pavilion x360笔记本电脑的推广，把粉丝们在Vine上发布的6秒创意视频进行剪辑，制作成了一个30秒的电视广告，这个做法对于品牌和粉丝来说都是一件有趣的事情。对于品牌而言，通过一次短视频社交媒体的粉丝活动，得到了对品牌而言有价值的东西；对于粉

丝而言，也是一件实现自我价值的事情，也激发了他们在社交媒体上创作的积极性。

视频要想更加吸引眼球，就需要做有创意的构思。视频在制作之后，为了满足企业潜在客户的需求，将产品完美地融合在其中，就可以做好企业的营销。高精准、有创意的构思，就是要求企业根据产品来进行有创意的设计和构思。企业在构思的过程中，要充分考虑到视频的接收人群和企业的营销特点。这样，企业才能形成自己独特的营销理念，让更多的用户认识到自己的品牌。

2.将产品、服务和营销高度融合地进行创作

营销目的的实现，离不开企业对产品、服务的详细介绍。上文提到过，视频营销的一大优势就是能够形象地展示出企业的产品，让用户产生直观的感受，于是用户愿意去进一步了解产品，继而购买产品。企业在进行产品营销的时候，要完美地将产品、服务和营销融合起来。

Zappos的购买主页内，除了鞋子的产品照片之外，还放有一个12秒的短视频。短视频的内容是真人穿着鞋子动态走秀的一个过程，还会有鞋子的特写镜头。这个短视频让消费者更直观地了解了产品信息，配合网页上的促销信息，更容易促成消费者的购买行为。

在视频的创作中，企业不仅要做到以上这些，还需要做到以下两个方面：一方面，企业要在视频中将产品的特点、优势，服务的理念和特色表述出来；另一方面，企业要选择合适的亮点，让这些亮点成为视频吸引用户注意力的关键点。比如，明星、热点事件或者某方面的专家等，都可以成为视频的亮点。如果能够让用户信任的人来试用产品，自然就可以更快地让用户接受你的产品，从而达到营销的目的了。

为了让视频达到营销的目的，企业也可以在视频的标题中插入关于营销产品的关键词。这不仅可以吸引用户的目光，还能在无形之中增加企业视频营销的效果。企业做好自媒体时代下的视频营销，紧跟时代发展的潮流，就能得到更好的发展和进步。

视频上传的平台选择和优化

大道至简，任何复杂的营销流程，都不是我们所追求的目的，视频营销也一样。视频营销流程只需四步：获取资源、加工处理、上传分享、优化排名。视频平台营销的流程非常简单，企业只要掌握里面的环节就行了，其他技巧可以慢慢去学。重视视频营销的流程，才能把视频营销工作做好。

把视频上传到哪个平台更好呢？在自媒体时代，能上传的平台都可以去上传，因为企业做视频营销的目的就是让更多的人看到自己的营销内容。但要注意，如果企业制作的视频质量差，那么就需要谨慎上传，否则有可能影响自己的口碑。因此，企业制作营销视频的时候就应该严格把关。除了在上文中介绍的视频的优势、加工、构思和创作外，视频上传的平台选择和优化也是极为关键的。企业需要做到以下三个方面：

1.分析：了解平台特点，实践中找出“唯一”

在视频营销中，企业经常会使用一些视频播放平台，比如爱奇艺、腾讯、优酷、搜狐、芒果TV等。企业在最开始进行视频营销时，可以选择将视频在这些平台上全都发布，从而观察视频本身的点击量和视频收录情况。在这个过程中，可以着重观察哪个视频平台收录较快，视频在哪个平台更受欢迎，在下次视频营销时，就可以选择使用这个平台。

2018年艾瑞发布MUT数据显示，爱奇艺和腾讯视频在视频平台领域持续领跑，优酷排名第三，在后面紧紧追赶。2018年4月的数据显示，爱奇艺App的设备占有数量为6.02亿台，位居视频平台App首位。腾讯视频App的设备占有数量为5.97亿台，优酷App的设备占有数量为4.54亿台，居于爱奇艺之后。

同样是2018年4月的数据，爱奇艺的日均独立设备数量为1.69亿台，腾讯视频的日均独立设备数量为1.58亿台，分别处于第一和第二的位置。爱奇艺用户月总使用次数为216.49亿次，腾讯视频用户月总使用次数为182.47亿次，优酷用户月总使用次数为102.16亿次。

企业也不可一味地追求视频平台的数量，要做好视频发布前的分析工作。只有选择那些本身播放量就较高、比较受大众喜欢的视频平台，才可以辐射到更多的用户，增加视频的点击量和播放量。这样的话也就对企业的视频质量提出了较高的要求，不然很容易淹没在大量的视频软件之中，无法达到预期的营销效果。

2.选择：了解平台特性，弹无虚发

在自媒体时代，每个短视频平台都有自身独特的特性。企业的自媒体运营者在制作视频和发起营销战役时，需要将视频平台的属性纳入考虑的范围。

近几年，受到众多女性用户喜爱的美拍，具有滤镜和模板等功能，较为适合一些美妆博主或者企业在这个平台上进行推广和营销。在这个平台上，企业可以根据产品、服务的特点，反复对视频进行拼接、剪辑，自由搭配高质量的背景音乐，能够在做好内容传达的同时具有更丰富的表现力。

以标准电视广告时长出名的Instagram，可以成为企业展现较为完整的品牌故事和产品概念的平台。还有更适合将25岁以下年轻人视为目标受众的Snapchat。企业可以利用其阅后即焚的特性，在该平台上发布限时减免、节日优惠活动等吸引人眼球的短视频，进而达到营销的目的。

企业进行视频上传平台的选择，要根据自身的品牌特性、用户属性和营销战役的目标，选择合适的平台。平台的选择要慎之又慎，不然很难取得好的营销效果。因此，企业要根据视频平台的特点，有目的、精准地进行平台的选择和营销，最终达到营销目的。

3.优化：通过引流来创造价值

企业的视频可以在网上大范围传播，可以被别人不停地分享，可以被无数次收藏，这就是视频的价值。视频营销就像是免费广告，它是赚钱的机会，也是致富的商机。只要企业制作的视频是有价值的，企业再加上自己的广告，别人就可以找到企业，和企业做生意。

企业只有提供的服务是有价值的，是对用户有帮助的，用户才会帮忙传播。企业的视频上有自己的广告，而这些广告都是免费的，不需要花一分钱就能得到免费的推广，这既提高了效率，又节省了资金。只要企业把视频引流做到位，自然就能做好视频的优化。

自媒体飞速发展，视频营销作为网络营销和品牌营销的一个重要工具，将必然受到越来越多企业的重视。现在市场是庞大的，未来的市场也是庞大的，但是竞争也是很激烈的。企业只有抓住视频营销这个利器，做好视频上传的平台选择和优化，才能玩转视频营销。

案例：华为手机——拍照更方便

华为手机的拍照功能非常强大，不但照出来的照片清晰，而且还有各种非常实用的模式。2018年10月26日，华为正式在上海发布了国行Mate 20系列，它带给用户的拍照体验，简直到了极致。

在室外拍摄时，Mate 20的表现非常好，无论是暗处的细节还是远处过曝情况，都堪称完美。人们不需要携带相机，只要有一部Mate 20在手，就可以搞定照相这件事。

由于拥有超广角摄像头，Mate 20可以拍摄出超大广角的照片，将眼前的景色尽收照片之中。这样一来，在旅游时使用Mate 20拍照就能记录下更多的美好。这个功能，让Mate 20成为喜欢旅游的人的不二选择。

Mate 20还有微距效果，能够在近距离拍摄出很多的细节。将照片放大之后，原本很难看清的细节会清晰展现在眼前。在光线比较暗的情况下，Mate 20的夜景拍摄功能可以展现出它的作用，拍摄出清晰的画面。

华为手机具有如此强大的拍照功能，它肯定会受到用户的喜爱。不过在这之前还要把营销工作做好，让用户知道华为手机拍照功能的强大。为此，华为做了一个非常有趣的视频营销广告——《一张来自太空的照片》。广告主要讲述了一个宇航员用手机拍摄月球，折腾了很久还是无法拍出月球的全貌。这时，旁边忽然飘过一部Mate 20。宇航员拿过Mate 20来拍摄，终于拍下了月球的全貌。

在太空当中，宇航员已经出仓，面对着月球（见图8-1）。

图8-1 宇航员出仓面对月球

地面：“宇航员已出仓，请报告数值。”

宇航员拿出手机对着月球：“宇航服内压值3.6，我要拍下整个月球。”

地面：“收到，祝你成功！”

宇航员发现手机内无法展现出月球的全貌，于是手持手机开始往后退：“拍不全，正在后退……”

突然，宇航员在手机屏幕里看到自己安全绳的锁扣在飞，大吃一惊：“我去……”宇航员赶紧用手去抓，却没有抓住，整个人向后飘去。

地面：“小马，出什么事了，请回答，请回答！”

宇航员重新把安全绳系上。

地面：“确认安全绳系好了吗？”

宇航员：“相当好。”

地面：“收到，祝你这次成功。”

宇航员手持手机继续后退：“还是拍不全，退一下……”这次他在后退的途中撞到了舱门，把舱门关上了。

宇航员：“完了！”然后在身上摸了摸，似乎在寻找钥匙。

地面：“小马，小马，听得到吗？”宇航员摸着头，不知所措。

宇航员终于在月球着陆。

地面："感谢上苍，你终于到月球了！"

宇航员向前走了几步，回过头对着登月舱按下手中遥控器的按钮："我现在特别想念地球……"此时，随着他按下按钮，登月舱的顶部出现一条横幅，上面写着"热烈祝贺我们再次迈出一大步"（见图8–2）。

图8–2 "热烈祝贺我们再次迈出一大步"横幅

地面："少说两句，快拍下来自地球的祝福语！"

宇航员手持手机，开始向后退，手机屏幕中还没出现完整的标语："没问……问题。"他这句话刚说出口，就感觉脚下踩到了什么，赶紧扭头向下看去，顿时"啊"了一声。在一个用英文写着"我的一小步，人类的一大步——阿姆斯特朗"的牌子旁，宇航员踩到了一只脚印。宇航员连忙用脚在脚印旁边蹭蹭，试图把那个脚印恢复原状。

这时，画面上出现了几个字："想轻松拍全，为什么不用HUAWEI Mate 20系列？"

接着，宇航员面前突然飘过一部华为Mate 20。

地面："小马，请回答，请回答，你又干了什么？听得到吗？"

宇航员抓过华为Mate 20，对准条幅，点了一下屏幕（见图8–3），顿时将条幅全部收进屏幕内，轻松拍下了照片。

图8-3　宇航员使用华为Mate 20并点击屏幕

广告结束，出现华为手机的广告语：“HUAWEI Mate 20系列，华为、徕卡联合设计，4000万超大广角徕卡三摄。”

在华为Mate 20的视频营销中，它采用了非常搞笑的视频方式。让一个“不靠谱”的宇航员小马，闹出各种笑话，在逗乐观众的同时，也让观众记住了华为Mate 20在拍照方面的优势。

这个广告视频播出之后，迅速赢得年轻人的喜爱。在哔哩哔哩上，有人对这个广告视频进行了改编，做成了“重庆话”版的广告，把网友逗得笑到停不下来。网友们乐此不疲，把华为的这个视频广告进行了各种版本的改编。

在营销之中，视频营销可以让产品更加立体地呈现在用户面前，并且内容可以多角度展示，所以能达到更好的营销效果。通过华为Mate 20的视频营销可以看出，在自媒体时代，要想做好视频营销，可以从两个方面入手：

1.新奇搞怪，博人眼球

在以往的视频营销中，很多企业总是选择用一些爱和温暖的视频来触动人的内心，吸引人的目光。然而，随着类似的视频不断涌现，企业要想在自媒体时代脱颖而出，也可以选择运用一些新奇、搞怪、幽默的视频来呈现。新奇搞怪的内容同样能够产生吸引用户眼球的作用，进而取得好的营销效果。在这个方面，华为Mate 20的视频营销广告就做得非常好，它通过一些搞怪、幽默的内容，将产品的特点融入视频之中，让用户看得过瘾，同时也对华为Mate 20的拍照功能产生了深刻的印象。

2.高匹配、高精准地做好个性化视频

虽然华为Mate 20的视频营销广告存在一部分搞怪的内容，但这些搞怪的内容正是年轻人所喜爱的，同时这些内容也让整个营销广告显得活泼可爱。它做出了和用户高度匹配、高精准的个性化视频，用这样的视频来营销，成功抓住了年轻人的心。

对于视频营销来说，最为关键的就是不着痕迹地将产品或者服务完美地融入到视频之中，抓住用户的眼光，让用户产生将视频看完的想法，并记住视频所表达的主要内容。这样才能让用户对产品产生购买的欲望，最后产生购买的行为，扩大企业的营销力和影响力。

案例：百事可乐——温情贺岁系列微电影《把乐带回家》

说到视频营销，其实很多人都能想到微电影，它也是视频营销的一种方式。作为饮料行业的巨头企业之一，百事可乐在微电影类的视频营销中一直做得非常好。尤其是近几年以来，它们一直将视频营销作为企业发展的重点。每年春节的时候，百事可乐都会推出不同系列的微电影来温情贺岁，抓准春节这个有利的营销时机，做好企业的营销工作。那么，百事可乐是如何通过温情贺岁系列微电影来做好企业的视频营销呢？

1.名人效应，扩大影响

百事可乐曾推出过一部贺岁微电影，在这个视频中汇集了张国立、古天乐、蔡依林、罗志祥、杨幂、快乐家族、郭采洁、王柏杰等明星，组成了非常豪华的阵容，在“乐超市”上演“人情、亲情、友情与爱情”四部快乐篇章，把快乐发挥到极致，传递“家无以远近，乐无为大小”的快乐旨意，为大家献上了一幕幕快乐又温情的生活故事，真正诠释了百事可乐。

在视频营销中，名人无疑是一个让视频快速传播，造成更大影响的一个关键因素。百事可乐就充分利用这一点，在“把乐带回家”的微电影中邀请了众多名人，吸引了大量粉丝的目光。将粉丝的视线聚焦在视频之中，同时将自己的产品巧妙地融合进去，最终诠释买百事可乐就是“把乐带回家”的主题，达到了最佳的营销效果。

2.言之有据，真实有料

一次，百事可乐在春节期间，发布“把乐带回家”的视频征集信息，无论是名人、微博达人还是普通用户，都可以拍摄一个关于温暖、爱、团聚、快乐的微视频。于是，各大移动媒体、自媒体传播平台，都可以看到各路人拍摄的关于百事可乐的温馨感人的微视频，形成了爱的传递。

企业制作视频的最终目的虽然是为了营销，但在制作的过程中，也要坚持去制造真实有料的视频。在百事可乐的贺岁微电影中，它就坚持去收集各种各样的人对百事可乐的看法，将一个真实有料的视频呈现在广大用户面前。当然，要想做到这个并不难。企业可以事先做好产品的动态造型，然后让摄像头对准这些有意思的造型拍摄。企业还可以有选择地拍摄一些贴近人们生活的真实感人的故事，在这个过程中将产品加进去，突出产品特色，这样就可以制作出一个言之有据、真实有料的视频。

3.产品突出，精准化营销

在猴年春节即将来临之际，百事可乐推出微电影《把乐带回家之猴王世家》。《把乐带回家之猴王世家》成为了“百事把乐带回家”重量级的一弹，分别由《大圣归来》的手稿原作者齐帅和90后的手艺人梁长乐演绎。这个微电影扩大了品牌的影响力，真正将“乐”带到了用户心中。

在百事可乐的微电影之中，视频内容致力于让观众动情，并且不局限于产品的曝光和品牌形象的提升。它让观众从产品体验升华到情绪体验，甚至上升到精神高度，这正是其提升品牌形象的精髓所在。在视频营销中，企业要突出品牌，这也是百事可乐的主要发展方向。企业只有树立起良好的品牌形象，才能将品牌倡导的价值和信念化为某一个层次的人的生活方式和消费方式，最终达到精准化营销的目的。

4.找准亮点，营销升华

百事可乐一直延续这个“把乐带回家”的主题，并且携手“国民家庭”原班人马倾情献上温情贺岁微电影《把乐带回家》。在这个微电影中，由宋丹丹、杨紫、张一山、高亚麟、尤浩然五人组成的“国民家庭”终于在阔别12年后实现荧屏合体，共同演绎百事新年贺岁片《把乐带回家》。这个贺岁片让百事可乐的主题得到了进一步的提高和升华，并赢得了广大网友的一致好评。

百事可乐温情贺岁的微电影营销受到了越来越多人的关注，“把乐带回家”继续延续以往的风格，让更具有代表性的“国民家庭”加入其中，让视频更有亮点。它用爱和温暖来触动人的内心，同时也将百事可乐对“乐”的营销进行了升华，让百事可乐的这次营销更打动人心，在唤起人们以往欢乐回忆的同时做好产品营销，最终达到盈利和扩大企业影响力的目的。

总而言之，百事可乐的一系列温情贺岁微电影不仅较好地诠释了“把乐带回家”这一主题，还将视频营销的主题升华，塑造出一个有“乐”的企业形象，让用户对企业的印象更加深刻。视频营销已经成为自媒体时代下的营销利器之一了，值得当代企业加以重视。

第九章

直播营销：玩转自媒体营销，从直播开始

最近几年，直播一直在以井喷式的速度发展，直播类App也越来越多。从传统媒体到自媒体，越来越多的自媒体平台开始成为企业的主要营销场地。而直播，这个近几年新兴的自媒体营销方式，则成为最受欢迎的一个方式。如此火热的商机也被众多企业看上了，企业的品牌发布、产品发布等也都开始向直播靠拢，直播营销也成为了自媒体时代下的重要营销方式。

直播营销时代，你直播了吗

直播在这几年已经深入人心，营销也成了直播营销的天下。作为一种新的信息传递媒介，直播是一种可以实现互动的社交方式，我们已经进入了“直播时代”。越来越多的企业开始通过直播这种全新的娱乐营销方式来获取企业流量、凝聚人气。如今直播已经是一种炙手可热的营销模式了。直播有一个最为直观的特点，就是没有固定场所，可以随时随地进行直播，这对企业的营销来说，是极为有利的。直播在某种程度上来说就是营销，企业要想得到更好的发展，就需要重视直播的力量，而企业营销也彻底进入了直播营销时代。

要说最近几年，最为热门的互联网产品无疑就是直播了。美国社交网站Facebook的创办人马克·艾略特·扎克伯格曾经表示：“直播是目前最让我感到激动的事”，他已经“被直播迷住了”。而在国内，直播也同样受到了各互联网巨头的重视。对于企业的营销来说，直播已经成为了一个重要的营销方式。

映客、花椒等主打社交互动的直播平台，活跃用户在千万级别。小米直播、腾讯直播悄然上线，手机淘宝正式推出“淘宝直播”平台，中国最大的社交媒体——新浪微博也宣布携手秒拍推出移动直播应用“一直播”。众多明星、自媒体人、微博大V都加入到直播的行列之中。直播营销已经成为当下最热门的营销方式。

直播营销时代的到来，给每一个自媒体人、企业都带来了一种全新的营销方式，也是一种绝佳的营销方式。直播将成为营销中的常态。直播营销时代，你直播了吗？直播又是如何达到营销的目的呢？自媒体人应该明确直播营销的优势所在，需做到以下三点：

1.及时：植入产品，及时营销

直播的一个最大特点，就是能够在直播中将产品快速展现给用户，以最为直观的方式将产品展示出来，更方便达到营销的目的。企业在进行直播营销的时候，需要做好产品的推广。直播是一种非常快的营销方式，让产品在用户心中先入为主，能够抢占市场先机。

2.交互：让用户参与，吸引力更强

看过直播的人都知道，弹幕已经成为直播中让用户参与和用户交流的关键了。对企业来说，在使用直播这种营销方式的时候，可以通过直播弹幕上用户发送的消息，来及时了解用户的需求和要求。这种方式也必然对用户产生极大的吸引力，进而有针对性地做好营销工作。

3.黏度：根据用户需求直播，增强黏性

简单来说，直播就是“一对多”或者“多对多”的一种全新的媒介。尤其是智能化时代的来临，一些美女网红直播的出现，成功吸引了大量用户的注意力。相比文字和图片来说，视频更能给用户以直观的感受。而企业就可以利用这一点，在迎合市场需求的前提下，根据用户的需求来进行直播，进而增强企业与用户之间的黏性，最终让用户信任产品，产生购买的行为。

无论是个人自媒体，还是企业自媒体，直播都已经成为了值得重视并加以运用的一个营销方式。直播营销时代已经全面来临，只有意识到直播的优势所在，做到以上三点，才能做好直播，达到营销的目的，同时也能在回答“你直播了吗”这个问题时，斩钉截铁地说：“做好直播营销了。”

直播策划：完美的策划是营销的关键

无论是对何种方式的营销来说，策划都是保证营销成功的关键，直播营销也不例外。完美的策划是直播营销成功的关键。在自媒体营销时代，企业务必根据企业的实际发展需要来进行准确、有针对性地策划，对企业的直播营销做出定位和计划，而不是随随便便就开始进行直播营销，什么计划都没有。否则，直播营销自然也就无法达到预期的效果了。做好直播的策划对企业成功的营销来说是至关重要的。

1.选好直播吸引用户的亮点

淘宝在“5.17饿货节”期间进行了一场“网红”团体直播。同道大叔、深夜发媸、暴走漫画、一只鸡腿子、司文痞子、黄文煜等数百名“网红”，云集手机淘宝，轮流进行了总计4天96小时的“花式吃外卖”。这次不间断直播，引来了数百万人的在线围观。

值得一提的是，这些网红的“花式吃外卖”直播内容还是有看头的。它有外卖也可以吃得很健康、外卖也可以吃得很优雅、反手剥麻辣小龙虾、用刀叉吃鸡爪、萌妹子连吃50个生煎、健身达人传授吃外卖心得等内容。这些直播的亮点引得粉丝们疯狂点赞、留言，让阿里企业下的外卖平台再一次受到了人们的高度关注。

很多企业或者个人都开始加入到直播的大军之中。要想在众多的直播中脱颖而出，吸引用户的目光，就要在直播之中关注热点，紧跟最新、最热的热点话题和风向，能够及时、果断、快速地出击。在这个营销的过程中，企业最重要的就是要结合产品特点加入热点元素。

2.从用户角度入手做好企业的主题策划

在企业进行营销时，最为关键的一个因素就是企业的用户。对于直播来说，直播的受众自然就会成为企业的潜在客户。因此，在进行直播策划之前，企业要从用户的角度出发，尤其是将企业的一些老客户和潜在客户重视起来。做好企业直播主题的调查，选择最符合用户的营销主题，进而让营销以最小的成本达到最佳的效果。

3.直播中放大产品优势

小米科技董事长雷军通过自家直播平台“小米直播”，直播了小米无人机发布。在这场“1+N”（1个人直播+N多粉丝）的直播发布会上，雷军详细地讲述了小米无人机的功能参数等，突出产品的优势。虽然偶有意外的发生，但是却成功地吸引了数十万粉丝，做好了这场直播营销。

任何营销方式最终的目的，都是为了销售产品。对于企业来说，直播更是应该如此。在直播的过程中时刻谨记产品才是直播的主角，放大产品的特点，更加立体、直观地向用户反映产品的优势，必要的时候可以亲自试用，用更有说服力的内容说服用户。这样，直播才能发挥其最大的营销优势，在帮助用户更加深入地了解产品的同时，还达到了激发他们购买欲望的目的。

4.直播话题的选择要慎重

对于直播来说，直播的话题对于营销的效果来说是非常重要的。要知道，很多时候，用户看不看这一场直播，除了企业的知名度之外，就看直播的话题是否吸引人。因此，对于直播的话题选择也是进行策划的重点所在。要想达到这个目的，一方面，企业可以选择引用一些比较新奇、新鲜的爆炸性新闻当作营销的主要话题；另一方面，在选择营销关键词的时候，企业可以选择一些热点关键词来增加话题的吸引性和点击量。

企业在做直播营销之前，务必做到以上四个方面。做好直播的策划工作，能够最大限度避免出现一些意外情况，扩大直播的影响力和营销力。在直播营销之中，企业还要在进行直播策划的时候，找到蓄势的节点，争取引爆营销。

直播内容：有内涵、有价值的内容才能吸引人

不管是采用何种直播方式，内容都是极为重要的。在直播营销之中，直播的内容也是决定营销结果的关键。企业只有做出优质、有内涵、有价值的内容，才能让直播吸引更多的用户参与其中，并且让用户转化为企业的潜在客户，达到营销的最终目的。如果你的直播内容不够精彩，自然就无法激发用户对产品的兴趣，也很难引发购买的行为了。因此，直播的内容对于营销的效果有着关键性的作用。

对大多数企业来说，都是采用“发布会+直播”的营销方法。而在这个过程中，做好直播内容，对新产品的宣传和推广来说就显得尤为重要。只有好的内容才能让用户看到产品的优势所在，给用户留下一个好的印象。内容对于直播营销的影响是不言而喻的。那么，企业如何做好直播内容，设计出有内涵、有价值的内容呢？需要做到以下三点：

1.销售转化是直播内容的关键

对于直播内容来说，只有那些有销售转化的内容才更加有价值，也能达到营销的目的。而一场能够带来高的销售转化的直播，也是由“内容”来决定的。要达到这个目的，就需要明确影响销售转化的直播内容的三大因素：

（1）专业生产内容（PGC）

巴黎欧莱雅作为戛纳电影节的主赞助商做过一场直播，也就是“零时

差追戛纳”。在这场直播之中，巴黎欧莱雅邀请了四个代言人：巩俐、李宇春、李冰冰、井柏然，进行从机场接机到入住酒店等全方位的场景直播。

在这场土豪型直播中，其内容简单到只是明星和用户的一些日常对话，仅通过手机就完成了。直播时，明星们不断提及欧莱雅的产品，主持人也顺势呼吁粉丝在天猫搜索“我爱欧莱雅”即可购买明星同款产品，配合官网促销。

正因为有各路大牌明星参与，这种植入直播中的“强攻直销模式”，达到了较好的营销效果。据官方反馈，销售转化不错，特别是被称为“李宇春同款”的701冰晶粉色唇膏，在直播后仅一天时间里，就出现脱销，让直播达到了很强的营销效果。

其实，由上述案例可以看出，明星参与直播也属于直播内容的一个关键。在直播营销领域，这里的“P”更聚焦于话题性人物，主要指三类人：明星、“网红”、非娱乐圈的名人。也就是众多企业会邀请符合这三类要求的人来做企业的直播活动，进而在直播中，通过与电商平台挂钩，让用户在直播的过程中直接通过明星同款、边看边买等手段，直接下单，形成销售转化。

（2）用户生产内容（UGC）

说到用户生产内容，很多人第一时间就会想到直播之中的弹幕功能，也就是网友的评论。的确，这个是用户生产内容的关键。企业在直播的时候切记要控制好这一板块，增加用户参与度，让这场直播营销更加深入人心。

（3）品牌生产内容（BGC）

品牌生产内容的直播，在很大程度上就是企业未来展现品牌的价值观、文化、内涵等的直播，这也是一些著名企业进场会使用到的一种直播方式。企业只要在直播的过程中，做好这项工作，就能较好地达到营销目的。

2.要选择更加新鲜、新奇的内容

很多企业在进行直播的时候，内容都是相似的，尤其是在介绍新产品的时候，毫无亮点，还保有传统的流水式内容，这样无法吸引用户的目光，达到营销的效果。企业要想做好直播的内容，就需要加入一些用户没看过的内容、常常出经典段子的内容，制作出有笑点、有营销价值的内容。也只有这样，才能让直播更加成功。

3.做出实力派、有增值的内容

在直播内容中，内容作为直播的关键之处，必然是需要有打动人心的地方。简而言之，就是需要用实力来证明价值，必要的时候还要有增值价值。要想达到这个结果，就需要企业从两个方面来努力：一方面，可以根据企业产品的实际情况，去引用一些社会上的专业人士来做内容直播；另一方面，需要企业让用户参与直播，做出有价值的内容，做出有增值的内容。

在自媒体时代，企业在直播营销上的需求越来越大，而对于直播的内容自然也就提出了更高的要求。毕竟在众多的企业直播中，要想脱颖而出，成为用户的关注点，除了品牌、明星等外力的影响之外，还需要用最优质的内容去征服用户。进而才能让用户更加心甘情愿地产生购买的行为，达到营销的目的。

直播模式：掌握吸引粉丝的五大模式

直播营销发展得如火如荼，直播的模式也成为了企业发展自媒体的关键。但是，企业直播的情况是各不相同的，直播的模式却也有各种各样的。这个时候，企业就需要以发展的实际需求来确定出最佳的直播营销模式，从而吸引更多粉丝来关注这场直播，达到最终营销的目的。要想达到这个目的，企业必须从直播模式入手，掌握吸引粉丝的六大模式：

1.“发布会+直播”直播模式

乐视视频为了庆祝乐视电视上市三周年，且累计销售量突破700万台，举办了一场“乐视生态啪啪啪”的庆祝活动。在这次活动之中，最大创新之处就在于使用花椒视频直播平台全程进行活动的直播。它与以往活动反其道而行，反向打赏网友，使得活动取得了空前的成功。据数据显示，直播期间，共有超过125万人次观看“乐视生态啪啪啪”活动的在线直播。活动收获了31.3万的点赞量，成功地进行了一场发布会直播营销。

当今很多企业都采取了“发布会+直播”的模式来做企业的产品直播或者庆祝活动。互联网时代，人们对企业的信息早已不仅仅是从大众媒体上来获取了，而是更多的人开始在直播中来获取。“发布会+直播”的营销模式可以帮助用户在直播中捕获信息，同时还能让企业的发布会更有看点，达到“吸粉”、赚钱两不误的效果。

2.“限时购+限量购”直播模式

了解营销的人都知道，饥饿营销已经成为各大企业进行产品推广的一个重要方法，比如小米等企业，都是将饥饿营销运用得非常到位的企业。在直播中，企业可以利用这一点，将“限时购+限量购”模式运用起来。在直播之中可以营销一些限时抢购的产品，并且通过主播犀利的语言来引导用户去限时、限量地抢购。

3.“名人+IP”直播模式

对用户来说，名人对用户具有较强的号召力。企业在进行直播的时候，可以选择借助名人效应来扩大直播的影响力，利用名人效应做大直播营销，做好“吸粉”的工作。在直播模式中，企业还可以通过一些IP概念来做好直播，将更有吸引力的亮点呈现在用户面前，吸引更多的粉丝参与到直播之中。通过直播来扩大企业品牌的影响力，才能做好企业的营销工作。

4.秀场直播模式

秀场直播模式大多数出现在“网红”相关的企业或者其他有关才艺表演的企业。秀场直播就是通过直播初期的个人秀来吸引用户，并在直播的过程中不着痕迹地进行营销，让产品能更加立体、真实地展现在用户面前。在直播中不要直接展示企业的产品，否则会让直播的营销效果大打折扣，严重的还可能引起粉丝的反感，得不偿失。

5.“室外+VR”直播模式

随着互联网的发展，近几年，VR式的直播模式越来越受到普通用户的喜欢，尤其是一些“室外+VR”的直播模式。企业更是通过有新意、有看点的活动策划来为产品打造出一个室外直播产品的营销方式，并且在必要的时候还会使用VR来吸引广大用户的目光，将一个更加立体的产品显示在用户面前，进而激发他们潜在的购买欲望，让他们产生购买的行为。

以上就是直播营销中吸引粉丝的五大模式。企业可以根据产品的营销特点和直播模式的特点来选择最佳的直播模式，从而做好企业的自媒体营销。直播营销能帮助企业在这个信息爆炸的自媒体时代脱颖而出，占据属于自己的一席之地。

直播平台：精准投放，要与平台相匹配

花椒、小米直播、一直播、优酷……随着自媒体的发展，直播的平台也开始越来越多。每一个平台都有自己的特色，企业在进行直播营销的时候，关键就是要找到一个适合自己的平台，让企业内容能够精准投放。

1.一直播

在社交媒体飞速发展的今天，新浪微博作为当今最主流、最具人气、最火爆的产品，受到了众多企业的关注和重视。一下科技旗下的娱乐直播互动App一直播，已经正式和新浪微博达成合作的协议，这代表着它成为了一款与微博关联的社交直播平台。当然，在一直播的平台中，企业通过发起微博话题来做直播，会让企业的直播效果更佳，尤其是对一些互联网行业的企业、娱乐方面的企业更为合适。毕竟最开始，一直播就是作为一款娱乐互动的直播App出现的。

2.花椒直播

途牛影视曾和移动直播平台花椒联手合作，推出一系列旅游直播节目。受益于旅游直播，途牛在年轻群体中的影响力进一步扩大。

途牛影视总经理耿西鹏表示："途牛影视拥有全球最优质的旅游目的地资源和PGC（专业生产内容）能力，通过旅游直播的方式，不仅能给花椒用户提供更好的观看体验，还将为花椒直播带来优质的内容资源。借助花椒直播平台，途牛影视既创新了营销方式，又能提供全新的客户服务方

式，也有助于进行直播的商业化尝试。”

某著名影视演员被花椒直播邀请进行视频直播，并献上了自己的花椒直播首秀。此次直播，吸引了大量粉丝的关注，成为了花椒直播的一个引流利器，同时也将花椒直播正式推到了用户的视线之内。花椒直播这款聚焦明星属性的移动社交直播平台，聚焦了很多90后、95后，是新兴企业、创新型企业进行直播营销的重要平台。

3.映客直播

映客直播是一款崇尚极简，但是同时又能够迎合时尚的超酷直播平台。在这个平台中，主要是依靠迎合时尚放大招的营销盈利模式，受到了众多走在时尚潮流前沿的奢侈品行业的关注，也成为了他们的营销主战场。

4.优酷直播

在“双十一”期间，优酷独家网络直播了天猫“双十一”这场堪比“超级碗”的全球娱乐盛事，并创下多项直播纪录。优酷官方数据显示，当晚峰值出现在21：21。“天猫双十一狂欢夜”直播是阿里巴巴文娱集团成立后，优酷与阿里生态系伙伴的第一次整合联动。各项直播数据均刷新纪录，优酷多档大剧、综艺在晚会现场高亮曝光双向共赢，显示出阿里大文娱卓越的协同增效优势。

相信很多人对优酷视频都不陌生，作为国内的主要视频网站之一，优酷直播是在拥有海量粉丝的基础上来做直播的。作为直播中的娱乐“战斗机”，优酷直播的娱乐功能非常强大，它做营销的成功秘诀就是要走时尚、个性之路。优酷直播响应众多企业和粉丝的要求，成为了一些文化、娱乐公司的营销聚集之地。

5.美拍直播

在这个社会，不会美拍你就out了。美拍作为一个高颜值、超火爆的手机直播神器，在直播上的功能更侧重于美颜这方面，并且其营销盈利的关键就在于“品牌+名人”。著名影星杨颖作为其代言人，更是吸引了大批粉丝的关注。所以，一些企业可以通过这种方式来做好直播营销。

6.虎牙直播

虎牙直播是国内最大的游戏直播平台。这个平台从游戏出发，拓展了很多品牌，并且用游戏带动了其他功能。对相关企业来说，是一个不错的直播平台。在这个直播中，还可以采取主播明星化的战略。通过一些“高颜值”的人来进行直播，能够得到更高的关注度，这也是企业成功营销的关键。

在直播营销之中，平台很重要，优质的平台能够让企业的影响力传得更远。所以，企业在进行直播营销之前，应该根据企业的实际需求，选择好视频平台。利用优质平台的资源，发布自己的自媒体直播视频，进而帮助企业树立品牌形象，达到更高的营销力和影响力。

案例：欧丽薇兰的“电梯+直播”的独特营销

很多人对直播的印象就是一个主播在和用户或者粉丝进行互动，而且直播的地方都是固定的，内容也是毫无新意的。欧丽薇兰却以一场新奇的直播营销方式出现在粉丝面前，成为了讨论的热点所在。欧丽薇兰凭借与一直播、分众传媒合作打造的创意“品牌＋直播”跨界整合营销，获得了TopMarketing直播经典营销案例奖，进行了品牌、消费、内容的多维度探索。

欧丽薇兰作为有名的橄榄油品牌，从冠名美食真人秀节目《十二道锋味》，签约谢霆锋作为代言人，到邀请明星夫妇现场直播做菜，让年轻人对“做饭”这件事产生兴趣，这个品牌可以说已经成为自媒体时代下的营销赢家。

在一次直播营销中，欧丽薇兰采用分众电梯广告预热、明星线上直播、精彩花絮线下回放的方式，完美完成了一整套立体式的品牌营销传播，打造出属于自己企业的“电梯+直播”的新模式。

在此次直播之后，官方数据显示，胡可、沙溢夫妇直播同时最高在线观看人数达300万，直播视频累计有2473万次点播。陆毅、鲍蕾夫妇直播同时最高在线人数达到350万，累计观看次数高达3100万次。“电梯+直播”可以称为一场独特的营销。

欧丽薇兰之所以能够做好这样一场“电梯+直播”的独特营销，与以下三个方面有着很大的关系：

1.消费升级：品牌服务升级和传播升级

要想直播能够得到用户的关注和喜爱，除了一些必要的直播技巧之外，还需要做消费的升级工作。尤其是近几年，食品的安全问题引起了国家和企业的高度重视。欧丽薇兰就是利用这一营销点，在这个消费升级的时代，将高端、健康的橄榄油推到用户面前。但与消费升级一样，时代也在升级变化，人们咨询习惯也开始呈现碎片化、移动化的特点。

欧丽薇兰利用时代发展的特点，采取了“分众+直播”的营销新玩法，并且邀请了两对明星夫妻在一直播上直播烹饪，将橄榄油无缝植入，吸引了大批粉丝的关注。在这个直播中，两对明星夫妻通过亲身的实际应用来彰显产品的特性，并且在直播之前通过线下分众电梯媒体，对目标消费者进行高覆盖、高达到率的宣传，使得本次直播能达到最佳的效果。

2.线下宣传：确定主流消费用户

早在此次欧丽薇兰的直播之前，它们就在全国30个城市进行了线下的分众广告投放，重点在电梯海报、数码海报、电梯电视上对此次活动进行宣传。要知道，电梯是城市化的基础，具有高频率、无干扰的高强度的传播特性，也是白领人群上班和回家的必经之路。电梯媒体能够覆盖的消费者，大多数是一些高收入的城市主流消费群，是引领消费升级的核心人群，他们具有消费的风向标意义。欧丽薇兰抓住这一特点，通过两对明星夫妻CP感满满的笑容，充分抓住了受众眼球，并且在直播中给出二维码，吸引用户预先扫码关注，为之后的直播做出较好的营销准备。

3.线上营销：名人效应来引流

对于直播来说，引流是影响营销效果的一个关键因素。在欧丽薇兰的直播之中，陆毅、鲍蕾，沙溢、胡可这两对明星夫妻的影响力在一定程度上就能够吸引广大用户的注意力，他们还在微博和秒拍上做直播预告，充分调动了粉丝的积极性。

欧丽薇兰联合一直播让这两对明星夫妻还原某档综艺节目的场景，更是做到了明星直播现场代言式导购，再导流到销售平台，搭建起“直播+明星+电商+分众+微博”的矩阵，实现线上线下的完美联动，形成了完整的营销闭环，成为传统企业使用互联网营销的创新型案例。

自媒体时代下的直播，欧丽薇兰从线下预热到线上互动，直播之后，进行线下回放。这种“电梯+直播”的模式使得他们的营销颇有四两拨千斤的效果，最终形成了一整套立体式的品牌营销体系。当然，邀明星进行直播，是直接导流的一种新的营销策略。它能够搭建起“直播+明星”的新的直播模式，同时精准地覆盖潜在的消费人群，进一步强化品牌的影响力，巩固企业的发展，实现营销势能的最大化。

第十章

这些自媒体营销平台，一个都不能少

在企业的自媒体营销之中，除了微信、微博、视频和直播这些营销方式之外，自媒体平台也是企业进行营销的关键。自媒体时代的全面到来，要求企业务必将多种自媒体平台全都利用起来，比如QQ、今日头条、豆瓣、知乎、腾讯视频、搜狐等。根据企业的营销特点，在这些平台之中，做好企业的个性化营销工作。

QQ：受众用户最广的营销方式

QQ作为中国目前使用人数最多、最知名的即时通信工具，已经形成一个集影响力和拥有庞大用户群于一身的国内自媒体平台，且具有较大的用户黏性。在这个平台，企业可以利用其适用性强，营销推广具有针对性、操作简单、成本较低、长期有效等特点，来高效率地做好企业的自媒体营销工作。在营销的过程中，企业的营销人员要做好针对特定人群的推广，并且构建起固定人群的黏性，做出适合产品发展初期的推广。然后用QQ做好客户的维护，并挖掘出潜在的客户，做好自媒体时代下的营销工作。要做好企鹅号的营销，就要从以下五个方面入手：

1.企业QQ的操作技巧

在QQ中，有专用的企业QQ，是腾讯公司专门为企业开发的QQ。企业QQ号码通常以400或者800开头，在号码上就和个人的QQ区分开来了，能够给用户一种权威感。在企业QQ中，群发功能十分强大，一次可以给十万个QQ好友群发消息，并且可以由多人登录和操作，并且没有任何娱乐功能。这在一定程度上提高了员工的工作效率，方便了企业的QQ管理，增强了企业QQ的营销效果。

2.添加高质量的QQ好友

在QQ平台做营销的一个关键之处就是QQ好友，也就是企业营销的对象。企业要有意识地添加一些和自己企业属于同行业、拥有较大社会影响力的好友。营销的目的不光是将企业的产品、品牌、文化、形象推广出去，更多的是要得到人们的认可，将产品销售出去。为了达到这个最为重要的目标，高质量的好友显得非常关键。企业在注册了QQ号码之后，可以通过行业的QQ群，在行业网站或论坛中寻找一些高质量的好友。

3.利用好QQ空间的营销功能

QQ的营销价值是有目共睹的。QQ空间作为QQ的一个很重要的功能，也是一个非常优秀的营销推广平台。QQ的大多数用户在聊天的时候，都会习惯性地打开对方的空间，通过空间的主页、日志、相册、留言、说说等功能去了解一下对方的为人、性格。因此，企业利用好QQ空间，可以取得更好的营销效果。

在这个营销方式中，企业可以设计出网站形式的空间。浏览导航、企业链接一应俱全，用户可以通过空间进入企业的官方网站，还可以看到高质量的软文、产品的照片展示、与微博的结合营销和及时更新消息。用户可以更好地了解企业，继而被企业吸引。利用好QQ空间这个板块，对做好企业的营销工作会有很大帮助。

4.玩转QQ群，做好QQ自媒体

玩QQ的人一般都会使用QQ群，可以说QQ群已经成为营销人员常用的一种营销工具。QQ群之所以会受到众多营销人员的青睐，主要是因为其具有操作简单、成本低、互动性强的特点。一般情况下，只要用户会使用QQ，就会使用QQ群。

玩转QQ群的第一步，就是要学会加入到别人创建的QQ群之中。通过确定目标受众，寻找到合适的QQ群。进入QQ群之后，不要在QQ群中进行刷屏营销，要尽快和群主、管理员搞好关系，进而才能更好地进行之后的营销工作。

玩转QQ群的第二步，就是要创建一个属于企业的QQ群，制订出规范的“群规”。努力创造出一种和谐的氛围，促进QQ群的长期发展，并且保证群成员的质量。当然还要选择合适的群管理员，制订与企业营销发展有关的群公告、群相册、群文件、群邮件，将推广的产品巧妙地融入到这些功能之中，做好QQ群的营销和QQ自媒体。

5.利用好腾讯微博的优势

腾讯微博是一个基于QQ开发的系统，与其他微博一样，它是具有传播、分享信息功能的微博。和其他微博相比，腾讯微博最大的不同，就是它拥有庞大的QQ用户群。腾讯微博的潜在用户量非常大，并且每个QQ账号都对应着一个腾讯微博。普通用户的转载率和互动性都非常高，用户黏性也非常强。企业可以通过认证企业的官方腾讯微博来提升用户的信任度，谨慎地运用好腾讯微博。

腾讯微博营销的一个关键点，在于企业的营销内容能够吸引大量的用户来转播。而提升高质量的用户人数，则是达到这个目的的关键。企业要在微博优化企业的资料，让潜在的用户对企业有一个初步的了解与认识。企业还要主动加入到一些QQ群，去寻找用户。企业在找到一些活跃且符合企业的目标受众标准的用户之后，多和他们私聊，最终产生互动，达到营销的最终目的。

综上所述，QQ营销对于企业的发展来说是至关重要的。利用好这个受众用户很广的营销方式，将QQ的各种功能摸透，做好QQ与QQ群、QQ空间与QQ群、QQ空间与腾讯微博的组合，会让企业的自媒体传播渠道更广。这样就能获得较大的营销影响力，进而达到更好的营销效果。

今日头条：有价值、个性化的推荐服务

今日头条是国内互联网创业者张一鸣创建的一款基于数据挖掘的个性化新闻推荐引擎。它很快就受到了网友的喜爱，仅用两年时间便拥有了两亿多用户。四年之后，它的用户数量已经达到了6亿。

今日头条成为了众多企业、自媒体人、网络营销人聚集的地方，也成为了营销引流的一个关键利器。那么，作为一款使用“大数据算法”来为用户精准推荐内容的App，今日头条是如何成为企业发展的一个营销利器，做好有价值、个性化的推荐服务的呢？

1.通过数据的整理、分析和解读，做好协同推荐

在互联网时代，要说影响企业营销最关键的因素，应该就是数据了。今日头条作为一款数据挖掘的产品，自然在这方面做得非常出色。用户只要登录今日头条，它就可以凭借用户在互联网留下的公开的浏览痕迹，来进行个性化的推荐，将一些用户关心的、有价值的内容推荐给用户，进而让用户阅读到自己想要阅读的内容。

陈强是一个旅游咨询公司的总经理，在日常的生活中，自然也就比较关注旅游这方面的新闻。陈强在一个偶然的机会注册了今日头条的账号。他发现在这个平台，经常有一些用户咨询旅游专家的内容，也有旅游公司在这里发表一些工作感悟。陈强觉得自己的公司也可以在今日头条注册一

个官方的账号，通过今日头条对这些公开数据进行整理、分析和解读，给用户做好协同推荐，达到精准化营销的目的。

于是，陈强就让运营部门专门成立了一个自媒体团队，来负责今日头条号的营销工作。公司将一些企业的优秀产品和自身优势在今日头条发表，经过几年的积累和努力，已经在今日头条上拥有了大批的粉丝，并挖掘出了许多潜在客户。公司由于业绩好，还被评为省内十佳旅游公司之一。

在互联网时代，营销早已不再走老套路了，而今日头条则成为了企业的一个新的营销阵地。在这个时代，人们的一切行为信息都可以通过数据来记录。企业可以依托于数据的整理和分析，了解用户的偏好，从而根据用户的偏好进行个性化推荐。企业要想做好自媒体营销，就可以利用今日头条海量的数据整理、分析和解读来进行有价值、个性的推荐，进而达到精准化营销的目的。

2.用高质量的文章在海量信息中脱颖而出

作为一款拥有六亿用户的自媒体平台，今日头条拥有着海量的信息和资源，是企业进行营销和发展的关键，但是也对企业提出了较大的挑战。海量的用户和资源也就意味着企业要用高质量的文章，从众多的文章当中脱颖而出，才能赢得用户的青睐，达到营销的目的。那么，如何撰写出一篇高质量的文章呢?

（1）做好“标题党”：标题作为用户浏览的第一印象，一定要做到新颖，风格要大胆，要在用户浏览的第一时间，吸引住用户的目光，引起他们的好奇心，从而让他们点击进去，增加文章的点击量。那些平淡的标题一般是很少得到用户关注的，除非用户带有明确的目的性去阅读，他们才可能去阅读这样的文章。

（2）内容与链接的发布：文章的内容必须是原创性内容，这样的内容不仅仅容易审核通过，更能够吸引大多数人的注意力，增强文章的可读性。在今日头条这个自媒体平台之中，文章的底部可以留下企业的微信公众号，这样也可以将用户引导到企业的微信公众号之中，继续开展营销工作。

3.精准定位，精确传播

在今日头条之中，企业利用好这个平台，做好营销的另一个关键，就是要对企业的营销目的进行精准定位。认准了受众对象以后，才可以进行精确传播。只有定位准确，企业的营销才能更加有价值，才能将已有用户转化为忠诚客户。企业的营销精准地传播给忠诚的用户，就可以扩大品牌的影响力，增强企业与用户之间的黏度，发挥出最佳的营销效果。

豆瓣营销：用好这把推广营销的利器

有网友说："文艺青年有三大爱好，音乐、摄影、上豆瓣！"豆瓣作为一个众多文艺青年聚集的大本营，也是一个非常好的营销平台。在豆瓣有较多有价值的真实流量，这对企业营销来说是非常有帮助的。如何利用这个平台做好推广营销呢？你需要了解豆瓣推广营销的四个方法：

1.做好搜索引擎的推广营销

豆瓣作为一个权威较高、收录较好、排名较真的自媒体平台，聚集了各行各业的专业人士和非专业人士。在这个平台中，企业要想完成营销任务，就务必找准关键词，让在豆瓣发表的内容被搜索引擎收录，精准而又自然地提升企业流量，达到推广和营销的效果。同时，豆瓣中有两个对排名和收录很关键的地方，那就是豆瓣日志和豆瓣小组发帖。企业要将二者结合起来，以提升企业在豆瓣中的推广营销效果。

企业要想借助豆瓣平台做好产品的推广和营销，需要提前设计好企业的盈利线路，明确企业能够吸引什么样的目标流量，并以此为核心在豆瓣上发帖、发文章。而在这个过程中，要戒骄戒躁，找准关键词，写出高质量的原创文章。在豆瓣中有了一定的活跃度之后，企业可以建立自己的工作小组。这样能更好地宣传自己的产品，吸引更多精准的流量，更快地获得盈利。

2.做好小组、圈子的推广引流

在豆瓣这个平台之中，有各色各样的小组、圈子，甚至很多人还形成了属于自己的独特的“圈子文化”。在豆瓣，很多用户都根据共同的兴趣、需求聚集在一个小组之中。企业可以加入其中，坚持用原创的软文营销，根据产品用心撰写出好的内容。这样就能吸引一批志同道合的用户，达到推广和引流的目的。

在豆瓣中还有一些人气很高的小组是支持广告业务的，企业可以和组长洽谈，投入广告费，然后撰写一个好的软文帖子发布，让他们来帮助推广帖子链接，这样营销效果就会更好，也不用担心被系统删除帖子。

3.通过评论推广引流

豆瓣的小组和日志都是可以进行评论的，而评论也是企业用来推广和引流的一个关键。在评论时，企业要注意和帖子主题一致，要撰写一个有价值的原创评论，然后在末尾加上企业的地址，而不是直接用链接。直接用链接的评论目的性太强了，可能会引起用户的反感，影响企业的形象。企业可以利用在豆瓣中的评论来为产品推广引流，但是同时也要注意不要进行硬广营销，以免造成适得其反的效果。

4.做好口碑，增加排名和人气

对企业来说，口碑是进行营销的关键，在豆瓣进行营销也不例外。人气其实是一个决定口碑的隐形因素。如果一个帖子或者一篇文章的人气很高，评论都是赞成和正面的，那么，看到这个帖子的人就会认为这个帖子的观点是正确的，能够高度认同。企业应该在豆瓣撰写出一篇优秀的软文，吸引众多用户来评论，设置固定回帖，这样帖子的人气就会上升，同时吸引到真实、精准的流量，也更容易黏住流量，达到推广和营销的最终目的。

豆瓣作为一个高质量用户的聚集地，已经成为企业进行自媒体营销的一个重要平台。企业只有做到以上四个方面，能够以更好的内容做好营销的工作，才能为产品和企业赢得一个好的口碑，进而利用好豆瓣这把推广营销的利器。

知乎营销：品牌营销的“集粉”利器

知乎作为国内较早的网络问答社区之一，在早期采用的是邀请制注册的方式，连接了一大批各行各业的精英，让用户来分享彼此的专业知识、经验和见解。随着知乎的发展，平台也开始开放注册，用户基数迅速攀升。越来越多的企业也开始加入到知乎之中，开始进行知乎营销，知乎俨然成为了一些品牌进行“集粉”的利器。在知乎，用户的活跃度和内容质量都是非常高的，用户的回答都是较为理性和客观的，是一个较有说服力的营销平台。

Amazon Kindle是由亚马逊生产的一系列电子书阅读器。使用该电子书阅读器，用户可以通过无线网络购买、下载和阅读电子书、报纸、杂志、博客及其他电子媒体。由亚马逊（Amazon.com）旗下Lab126所开发的Amazon Kindle硬件平台能在最小的电源消耗的情况下，提供类似纸张的阅读体验。

知乎有原生广告系统，展示形式和落地页面都最大限度保留原生广告所需要素，除了“推广”字样，看起来与知乎原生页面差别不大。Kindle基于这套系统，推出了名为《阅读能给我们带来什么》的广告。广告并没有大字报般宣传kindle的产品属性、阅读体验，而是以德国大作家赫尔曼·黑塞的句子开头，知性而文艺地跟用户聊起了阅读本身的趣味和价值，以此勾起读者兴趣，让喜爱阅读的用户与kindle的推广诉求产生共鸣，达到营销的目的。

知乎这个高质量用户的聚集地，已经成为企业进行营销，吸引粉丝的一个重要的自媒体平台。也正是因为如此，知乎才会受到如此多的企业和品牌的高度重视。但是，在知乎上进行营销也对企业提出了更高的要求和挑战。企业要在知乎上做好自媒体营销，就需要从以下两个方面入手：

1.企业可以用情感类、创业类故事去主导营销

人们天生对故事有着强烈的阅读兴趣，尤其是新颖、有趣的故事。在知乎上对一个企业进行营销，可以根据企业的发展历程，撰写一个生动的故事，这种方法是比较容易受到知乎用户的欢迎的。当然，在利用情感类的话题进行营销的时候，必须根据自己所要营销的产品来确定主题，然后根据实际情况来进行撰写。在创业故事的讲述过程中，企业就可以进行产品的营销，并且寻求转发和点赞，获得用户的支持。这是创业类话题的一个较为明显的优势，通常不会引起用户的反感。

2.企业可以选择相关性话题进行回答

在知乎上，选择好话题进行营销是非常重要的。在知乎上进行营销的时候，首先要对营销的产品进行基本定位，在知乎上进行回答的时候，就要选择相关话题进行回答。当然，企业还可以选择那些精华问答最多、聚集了相关话题中最多关注的话题进行回答。在话题中引入产品，多选择几个相关话题，争取和自己产品的话题发生重叠，这样就能产生营销效果。

在现代营销之中，知乎已经成为影响企业发展、用户选择的一个重要自媒体平台。原因就是知乎是一个高质量用户的聚集地，也是一个品牌“集粉”的利器。当今企业要将知乎营销重视起来，做到以上两个方面，才能在知乎这个自媒体平台中做好营销。

腾讯视频：玩转营销，让用户爱上广告

这几年随着移动互联网的深入发展，视频全面爆发，腾讯视频也迅速发展壮大。众多企业开始将目光对准视频营销，并借助腾讯视频这个平台，进行花式营销。在很多时候，腾讯视频营销能将广告与节目内容有机结合，树立品牌的口碑，甚至让用户爱上广告。腾讯视频是如何让企业玩转花式营销的呢？

1.自然生动植入产品，让广告成为营销利器

在如今这个社会，大多数人对于分辨广告的能力已经越来越强，广告对广大用户的购买决定的影响力也变得越来越弱。这个时候，企业要想让自己的产品受到广大用户的喜爱，就不得不转变营销方式，将广告自然、生动地植入到视频之中，在不引起用户反感和吐槽的前提下，让产品成为用户购买的第一选择。

腾讯视频就是充分利用这一点，在其网络综艺节目《拜托了冰箱》第二季中，利用明星的强大影响力和号召力，通过明星嘉宾宋佳和王嘉尔的深情对视，并且共饮一瓶美汁源奶优，制造出吸引观众的亮点和笑点，让品牌以一种更加自然的方式曝光在用户面前，增强了品牌的接受度。

2.做好视频的弹幕广告，使用户边看边买

在如今的视频广告中，贴片广告这种以往节目中最为常见的营销方式，已经无法引起用户的兴趣，有些时候还会引起用户的反感。腾讯视频

根据用户的喜好，别出心裁地将以往的贴片广告变成了“弹幕广告”，受到了众多用户的喜爱。

这几年热门小说改编成电视剧已经成为一种潮流。由知名作家丁墨撰写的《如果蜗牛有爱情》也改编成为了电视剧，在腾讯视频中同步播出。剧中的男主角季白问配角小叶子想喝什么时，小叶子回答：“喝水就好。”这个时候，屏幕中就会出现由王凯代言的统一ALKAQUA天然水广告。由于广告出现的时机很好，观众看了以后就觉得毫无违和感。这种边看边买的营销方式，充分迎合了90后观众的收视习惯，让企业的优质产品和电商平台连接起来。

腾讯视频还将KFC的品牌信息及产品植入，做成《如果蜗牛有爱情》番外小剧场。这样的互动让观众在记住品牌的同时，也对品牌心生好感。这种营销方式形成了完美的一个营销闭环，更加自然地将产品植入到了视频之中。

随着视频行业的发展，网剧、网综已经成为了腾讯视频中进行创新营销的关键。弹幕广告的存在，可以增加用户的互动环节，让产品变现更加同步、及时。它能够让用户观看节目的同时，还能将追剧的热情转化为购买力，是非常好的营销手段。

3.做好场景化营销，精准聚焦企业用户

随着网络视频的迅猛发展，视频也开始慢慢进入了“受众细分”时代。越来越多的80后、90后开始成为市场的主流消费者，他们的收视习惯和偏好已经成为各大企业进行营销时要考虑的核心因素。因此，企业要想做好营销，就必须聚焦这些目标受众，精准投放。

腾讯视频的综艺节目《拜托了冰箱》定位“下饭综艺”，受到爱好美食的都市青年的追捧。《拜托了冰箱》第二季中，明星大口吃甄稀冰激凌的片段让广大“吃货”垂涎欲滴，使得甄稀冰淇淋的品牌认知度提升263.7%。

《放开我北鼻》是一档腾讯视频自制的明星萌娃体验真人秀。节目紧扣“萌娃”和“明星”主题，收到了大批女性用户的关注。节目女性用户比例超过2/3，“90后”占比高达61.79%。瞄准新晋妈妈群体，皇家美素佳儿成为节目的总冠名商。《放开我北鼻》中，萌娃们大口喝奶的镜头精准传达了品牌“陪伴、呵护和放开”的育儿理念。

荷兰皇家菲仕兰市场部高级副总裁贺亚军表示：“腾讯视频的平台大、内容好、多触点、互动强，广告才有效。”的确，在企业的营销之中，视频的内容必须与植入的品牌高度贴合。腾讯视频就是做好了这一点，在企业进行营销的时候，进行场景化的设计，通过向用户的精准投放，做好了营销工作。

4.主持人花式口播，让广告变笑料

在腾讯视频，主持人的口播对于企业产品的营销来说也有非常积极的作用。主持人的花式口播可以将用户的目光聚集起来，成为各大视频平台的保留节目。在腾讯视频《饭局的诱惑》中，主持人马东被网友笑称“口播广告界的良心”，也成为了节目中的笑点所在。不少企业开始瞄准这一领域，将企业的产品和主持人的花式口播结合起来，看似不经意地去植入广告，不会引起观众的反感，有不错的效果，也赢得了好的口碑。把广告变成笑料，既有效传播了品牌信息，又让用户乐于接受，达到了一箭双雕的效果。

《拜托了冰箱》第二季“何尔萌主持”王嘉尔磕磕绊绊念出“美的媚的魅的智能冰箱，让你的生活美的不要不要的”，收服了一大批年轻用户

的心，深化了美的智能冰箱的品牌记忆点。《约吧大明星》中阮经天一句“你不吃巧乐兹还表白啊”引得网友爆笑，同时又植入了巧乐兹“喜欢你，没道理”的品牌广告语。

互联网时代的视频行业不断发展，腾讯视频始终秉承“不负好时光”的核心营销力量，探索新的营销发展之路，做好升级的工作。它在自媒体时代和企业共同成长，共同进步，用更佳的营销内容来带动企业的进一步发展和升级。

搜狐公众平台：实现数据式的精准营销

以“搜狐ONE整合智胜”为主题的“搜狐WORLD”大会在上海举行。在此次会议中，搜狐表示将全面开启“多元融合、价值共享”的数据开放生态时代，不仅整合搜狐全媒体矩阵数据资产，同时通过开放生态，推动品牌广告主、第三方公司、运营商、代理公司等，共同实现数据融合与共享，这是当今企业利用搜狐公众平台做好数据式的精准营销的关键因素。

搜狐大数据中心总经理魏谦屹曾说：“在人群画像、推荐引擎、精准效果、用户体验衡量等领域，搜狐始终保持领先。大数据本身是跨学科的领域，我们在营销产品的开发方面，与心理学、人类学以及脑神经科学进行了融汇。搜狐把用户的动机和广告客户的营销目标结合起来，更高效地帮助广告主去触动潜在的消费者。”

在如今这个碎片化的时代里，数据已经是各大企业竞争的关键。搜狐正是了解了这一点，所以非常重视数据的整合能力和用户的体验。搜狐有海量的流量基础，实现了数据全平台打通，并且注重数据的整合能力，做好数据的分析和整合，最终帮助企业实现了数据式的精准营销。那么，搜狐公众平台是如何帮助企业做好数据式精准化营销的呢？

1.以共赢的心态进行数据开放

互联网时代的发展，使得搜狐的精准化商业布局引发了各行各业的高度关注，它数据开放融合的理念，打通了各个数据源之间的关联。如今国内大数据行业资源较为匮乏，掌握大量数据的各个行业巨头缺乏足够的数据开放意识，这是制约企业发展的一个难题。搜狐能够做出数据开放的战略和布局，在很大程度上能帮助企业利用数据。在搜狐平台上，众多企业可以根据搜狐的海量资源来确定市场的发展走向，更加精准地进行营销，创造更大的价值。

2.方便进行数据的整理、分析和挖掘

搜狐是具有搜索引擎功能的一个自媒体平台，利用这个功能，企业可以搜索与产品有关的信息，或者与行业有关的信息。搜狐的搜索功能就是这些信息的挖掘工具，使用者可以很方便地搜索出对自己品牌有利或者不利的信息。有利的信息要通过适当的销售引导来激发用户的购买欲望，不利的信息可以作为舆情监控对象。当然，在行业产品的相关信息中，企业也可以挖出很多潜在的消费者，通过适当的方式将他们变为自己企业的重要客户，扩大品牌的影响力。

3.海量的数据为自媒体人画出用户的画像

无论是在何种营销方式之中，众多企业在实际的营销工作中都不得不面临为企业画出精确用户画像的问题。也就是根据用户的兴趣爱好、浏览爱好、职业特点来精确地判断哪些用户是你的潜在用户，明确自己是否应该给他推广链接。在搜狐的营销之中，挖掘的标签越丰富，对企业的价值就会越高，而精准投放也越好做。

4.方便获取市场数据以及企业品牌本身的数据

针对搜狐公开的大数据，企业可以在搜狐的搜索引擎，根据用户的讨论数量来估计产品的市场规模，甚至挖掘到一定的成交数据。企业对自身品牌，可以根据数据来分析美誉度、知名度等，甚至可以通过用户曾经发布的与品牌相关的信息评论，找到搜狐平台内的潜在消费群体，更加精准地进行营销。

搜狐自媒体在营销之中最大的优势，就是极高的审核通过率和文章可以带文本链接。搜狐在搜索引擎中的排名也比较好，这给企业的营销提供了极为有利的条件。因此，企业一定要抓住搜狐这个公众平台，实现数据式的精准营销。